KB205554

**BIBLE in Hand** 교양인을 위한 성경

신약 | 마태복음서

# 성취된 약속, 왕으로 온 메시아

해제 **권연경**

봄이다 프로젝트

해제 **권연경** | 숭실대학교 기독교학과 교수

서울대학교 영어영문학과를 졸업하고, 풀러신학교(M.Div.)와
예일대학교 신학부(S.T.M.)를 거쳐 런던대학교 킹스칼리지에서
박사학위(Ph.D.)를 받았다. 현재 숭실대학교 기독교학과 교수로 재직하고 있으며,
기독연구원 느헤미야 연구위원을 맡고 있다. 지은 책으로는 〈위선〉(IVP),
〈로마서 산책〉 〈갈라디아서 산책〉(복있는사람),
〈행위 없는 구원?〉 〈네가 읽는 것을 깨닫느뇨?〉(이상 SFC출판부),
〈갈라디아서 어떻게 읽을 것인가〉(성서유니온),
〈로마서 13장 다시 읽기〉(뉴스앤조이) 등이 있으며, 〈일상, 부활을 살다〉(복있는사람),
〈IVP 성경신학사전〉 〈예수의 정치학〉(이상 IVP, 공역),
〈기독교와 문학〉(크리스천다이제스트) 등을 우리말로 옮겼다.

신약 | 마태복음서

# 성취된 약속,
# 왕으로 온 메시아

## 추천사

믿음에 관심이 있거나 새로 예수를 믿게 된 사람들이 성경을 읽어야 하는데, 이때 전권을 주고 읽으라고 하면 질려서 잘 읽지를 못한다. 이런 사람들에게 이 책을 권하면 좋을 것 같다. 새번역을 사용하고 있고, 읽으면서 생길 수 있는 질문에 답을 주는 짧은 주석이 붙어 있어서 재미있게 읽을 수 있기 때문이다. 이 낱권 성경책은 특별히 비신자 전도에 집중하는 가정교회에서 잘 활용할 수 있을 것이다. 처음 성경을 접하는 분들이 성경을 쉽게 이해하고, 성경 읽는 데 자신감이 생길 것이다.

_ **최영기** | 휴스턴서울교회 은퇴목사, 국제가정교회사역원 초대원장

베스트셀러를 주로 읽는 요즘 사람들은 정작 인류 최고의 베스트셀러인 성경에는 무지하다. 일반인들이 성경을 읽으려면 먼저 성경은 종교적 경전의 모양새에서 벗어나야 한다. 이 책은 바로 그런 목적으로 출간되었다. 이제 종교적인 편견을 버리고 성경을 읽고, 세계 시민에 걸맞은 교양을 가져보자.

_ **방선기** | 일터개발원 이사장

거룩할 '성'과 날 '경' 자로 구성된 성경(聖經)은 우리 삶이 혼돈의 심연으로 빠져들지 않도록 지켜주는 수직의 중심이다. 사람들이 성경에는 오류가 없어야 한다고 믿는 것은 그 때문이다. 성경을 읽다가 모순되는 지점을 발견하는 순간 경건한 사람들은 마치 연모하던 이의 비밀스러운 모습을 본 것처럼 민망해한다. 기독교에 대해 반감을 가진 이들은 '잘코사니!' 하면서 공격의 빌미를 삼는다. 민망해할 것도 없고, 쾌재를 부를 것도 없다. 김근주 교수와 권연경 교수의 안내를 받아 성경 속을 거닐다 보면 그 모순 속에 담긴 삶의 심오함에 가닿을 것이다. 교회 밖의 사람들은 물론이고 기독교인에게도 이 책은 좋은 길잡이가 되어주리라 믿는다.

_ **김기석** | 청파교회 담임목사

## 일러두기

### 01

이 책에 사용된 한글 번역본은 대한성서공회의 허락을 받아 〈성경전서 새번역〉(2001년)을 사용했습니다.
기독교 성서를 번역, 출판, 반포하는 대한성서공회는 〈성경전서 새번역〉에 대해 "원문의 뜻을 우리말 독자들이 이해할 수 있도록 정확하게 번역하고, 쉬운 현대어로, 우리말 어법에 맞게, 한국교회에서 사용할 수 있도록 번역된 성경"이며, "번역이 명확하지 못했던 본문과 의미 전달이 미흡한 본문은 뜻이 잘 전달되도록 고쳤다. 할 수 있는 대로 번역어투를 없애고, 뜻을 우리말로 표현하려고 노력했다. 그러나 신학적으로 중요한 본문에서는 원문을 그대로 반영하려고 노력했다. 대화문에서는 현대 우리말 존대법을 적용했다"고 밝히고 있습니다.

### 02

성경 본문 하단은 성경을 읽으면서 생기는 궁금한 내용에 대해 질문과 해제 형식으로 담아냈습니다. 질문은 편집부에서 만들고, 해제는 구약성경은 김근주 교수(기독연구원 느헤미야), 신약성경은 권연경 교수(숭실대 기독교학과)가 맡았습니다.

성경 본문입니다

장을 말합니다

{ 제2장 }

**성령의 강림**

절을 말합니다

1 오순절이 되어서 그들은 모두 한곳에 모여 있었다. 2 그때에 갑자기 하늘에서 세찬 바람이 부는 듯한 소리가 나더니, 그들이 앉아 있는 온 집안을 가득 채웠다. 3 그리고 불길이 솟아오를 때 혓바닥처럼 갈라지는 것 같은 혀들이 그들에게 나타나더니, 각 사람 위에 내려앉았다. 4 그들은 모두 성령으로 충만하게 되어서, 성령이 시키시는 대로, 각각 방언으로 말하기 시작하였다.

5 ㅇ 예루살렘에는 경건한 유대 사람이 세계 각국에서 와서 살고 있었다. 6 그런데 이런 말소리가 나니, 많은 사람이 모여와서, 각각 자기네 지방 말로 제자들이 말하는 것을 듣고서, 어리둥절하였다. 7 그들은 놀라, 신기하게 여기면서 말하였다. "보시오, 말하고 있는 이 사람들은 모두 갈릴리 사람이 아니오? 8 그런데 우리 모두가 저마다 태어난 지방의 말로 듣고 있으니, 어찌 된 일이오? 9 우리는 바대 사람과 메대 사람과 엘

약자를 말합니다. 〈성경의 구성〉(7p)을 참고하십시오.

오순절은 무엇을 말하나요? 이스라엘 민족의 특별한 명절인가요? **오순절(Pentecost)**은 구약성경에 나오는 유대인의 명절입니다. 유월절로부터 50일(五旬, 오순. 여기서 '순'은 열흘을 말합니다)이 되는 때로, 추수의 끝을 기념하는 감사의 절기입니다. 1세기 당시에도 로마제국 전역에 흩어져 살던 유대인들은 이 명절을 지키기 위해 성전이 있는 예루살렘으로 순례를 다녀오곤 했습니다(눅 2:41-42). 유대 전승에서 오순절은 하나님께서 시내산에서 모세에게 율법을 주신 사건과 연결되곤 하지만, 본문에 나타나는 오순절의 성령 주심이 그 전승을 염두에 둔 것인지는 알 수 없습니다.

성경의 해당 부분 책 이름입니다.

*사도행전* *21*

질문과 해제입니다

## 성경, 구약 39권 + 신약 27권

성경은 한 권의 책이 아닙니다. 기원전 1천 년 전부터 기원후 2세기에 이르기까지 아주 긴 시간 동안 쓰여진 다양한 책들의 묶음입니다. 성경은 66권의 책으로 구성되어 있습니다. 그 책들은 저자도, 내용도, 형식도, 분량도 모두 다릅니다. 성경은 크게 구약과 신약으로 구분되며, 구약은 39권, 신약은 27권으로 구성되어 있습니다.
또 성경에는 여러 종류의 번역판이 있는데, 이 책은 대한성서공회가 최근에 번역해 출간한 〈성경전서 새번역〉(2001년)을 채택하고 있습니다.

## 성경의 구성

### 구약

**율법서** { 창세기(창) 출애굽기(출) 레위기(레) 민수기(민) 신명기(신)

**역사서** { 여호수아기(수) 사사기(삿) 룻기(룻) 사무엘기상(삼상)
사무엘기하(삼하) 열왕기상(왕상) 열왕기하(왕하) 역대지상(대상)
역대지하(대하) 에스라기(라) 느헤미야기(느) 에스더기(더)

**시가서** { 욥기(욥) 시편(시) 잠언(잠) 전도서(전) 아가(아)

**대선지서** { 이사야서(사) 예레미야서(렘) 예레미야 애가(애) 에스겔서(겔)
다니엘서(단)

**소선지서** { 호세아서(호) 요엘서(욜) 아모스서(암) 오바댜서(옵) 요나서(욘)
미가서(미) 나훔서(나) 하박국서(합) 스바냐서(습) 학개서(학)
스가랴서(슥) 말라기서(말)

### 신약

**복음서** { 마태복음서(마) 마가복음서(막) 누가복음서(눅) 요한복음서(요)

**역사서** { 사도행전(행)

**바울서신** { 로마서(롬) 고린도전서(고전) 고린도후서(고후)
갈라디아서(갈) 에베소서(엡) 빌립보서(빌) 골로새서(골)
데살로니가전서(살전) 데살로니가후서(살후)
디모데전서(딤전) 디모데후서(딤후) 디도서(딛) 빌레몬서(몬)

**공동서신** { 히브리서(히) 야고보서(약) 베드로전서(벧전) 베드로후서(벧후)
요한1서(요일) 요한2서(요이) 요한3서(요삼) 유다서(유)

**예언서** { 요한계시록(계)

※괄호 안은 각 책을 줄여서 표기할 때 쓰는 약자입니다.

# 마태복음서

Matthew

마태복음서를 읽는 독자들에게

# 우리를 향한 권위 있는 새 가르침

복음서 읽기는 흥미롭습니다.
마태복음서를 그 자체의 이야기로 읽을 수도 있고,
마가복음서나 누가복음서와 비교하며 읽을 수도 있습니다.
물론 마태복음서 나름의 고유한 메시지를
찾아가는 것이 중요합니다. 하지만 다른 복음서들과의 비교는
각 복음서의 독특한 관점을 드러내면서
동시에 이를 좀 더 풍성한 맥락 속에서 음미할 수 있게 해줍니다.

마태복음서는 마가복음서, 누가복음서와 더불어 공관복음(共觀福音, Synoptic Gospels)이라 불립니다. 마가복음서에서 볼 수 있는 것처럼 마태복음서는 예수님께서 갈릴리와 그 주변에서 대부분의 시간을 보낸 후 예루살렘으로 여행하시고, 거기서 마지막 한 주간을 보내다가 십자가에 달리시고 다시 부활하시는 구도로 이루어져 있습니다.

마가복음서의 이야기들은 대부분 마태복음서에도 나오지만, 축약될 때가 많습니다. 게다가 마태복음서는 마가복음서보다 분량이 훨씬 더 깁니다. 따라서 마태복음서에는 마가복음서에는 등장하지 않는 예수님의 행적과 가르침이 상당히 많습니다. 가령 예수님의 탄생에 얽힌 이야기들이 새로 등장하고, 세례자 요한의 설교나 예수님의 광야 시험이 좀 더 상세하게 소개됩니다. 예수님의 가르침도 훨씬 더 다채롭게 나옵니다. 이 중에는 누가복음서와 겹치는 내용도 있고, 마태복음서에만 나오는 독특한 이야기들도 있습니다. 그래서 복음서 읽기는 흥미롭습니다.

마태복음서를 그 자체의 이야기로 읽을 수도 있고, 마가복음서나 누가복음서와 비교하며 읽을 수도 있습니다. 물론 마태복음서 나름의 고유한 메시지를 찾아가는 것이 중요합니다. 하지만 다른 복음서들과의 비교는 각 복음서의 독특한 관점을 드러내면서 동시에 이를 좀 더 풍성한 맥락 속에서 음미할 수 있게 해줍니다.

예수님의 권위는 그분이 드러내는 하나님의 능력과 연결되지만, 가르침 자체의 권위도 매우 강조됩니다. 이는 종종 "지금까지 여러분은 이렇게 들었습니다"로 시작해 "그러나 나는 여러분에게 이렇게 말합니다"로 이어집니다. 이처럼 옛것과 새것의 날카로운 긴장 속에서 다가올 하나님 나라가, 그리고 그 나라가 요구하는 삶의 자태가 선포됩니다.

## 약속의 성취, 왕으로 오신 그분

마태복음서는 복음서들 중 유대적 성격을 가장 강하게 보여줍니다. 처음부터 예수님은 유대 민족의 조상이자 하나님과의 언약의 출발점인 아브라함, 그리고 이스라엘의 대표적 왕이자 메시아 대망의 한 원천이었던 다윗 왕의 후손으로 그려집니다. 예수님의 탄생 역시 모두가 경배해야 할 왕의 탄생으로 묘사됩니다. 그래서 마태복음서는 다른 어떤 복음서보다도 더 긴밀하게 예수님의 이야기를 구약성경의 이야기와 연결합니다.

예수님의 생애에서 결정적인 사건들이 종종 구약성경의 예언과 연결되고, 또 이를 위해 "이것은 …을 성취하기 위한 것입니다" 하는 공식을 활용해 그 연결을 더욱 분명하게 드러내기도 합니다. 마태복음서에서 예수님은 "자기 백성을 그들의 죄로부터 구원할" 분이십니다. 애초에 이 '자기 백성'은 유대인을 가리킵니다. 하지만 다가올 하나님 나라 앞에서 이는 금방 누가 진정한 하나님의 백성인가 하는 긴장과 갈등을 불러일으키고, 이와 더불어 하나님 나라와 하나님의 구원은 좀 더 근원적인 죄로부터의 구원, 그리고 좁은 민족의 경계를 넘어가는 것으로 새롭게 이해됩니다. 따라서 마태복음서는 유대적인 색채가 가장 강하면서도, 당시 유대 사회의 적폐에 대한 지적 또한 매우 날카롭습니다.

마태복음서의 가장 두드러진 특징은 예수님의 가르침입니다. 마가복음서에서처럼 예수님의 가르침이 그분의 행적과 자연스레 얽히기도 하지만, 별도의 설교 덩어리들도 나타납니다. 이 설교들 끝에 달린 동일한 문구 "예수께서 이 말씀을 마치시니"는 이것이 저자의 의도적 배치임을 알려줍니다(7:28; 11:1; 13:53; 19:1; 26:1).

따라서 마태복음서의 예수님은 교사의 이미지가 두드러집니다. 예수님의 권위는 그분이 드러내는 하나님의 능력과 연결되지만, 가르침 자체의 권위도 매우 강조됩니다. 이는 종종 "지금까지 여러분은 이렇게 들었습니다"로 시작해 "그러나 나는 여러분에게 이렇게 말합니다"로 이어집니다(가령 5:21-22, 27-28, 33-34, 43-44). 이처럼 옛것과 새것의 날카로운

**우리 삶에선 늘 말과 삶의 괴리가 문제입니다. 하늘을 향하는 나의 눈길은 종종 이웃을 외면하는 '경건한' 수단으로 변질됩니다. 마태복음서는 바로 그런 우리를 향한 말씀입니다. 우리의 삶 속에 스며드는 하나님의 은혜와 통치에 관한 복된 소식입니다.**

긴장 속에서 다가올 하나님 나라가, 그리고 그 나라가 요구하는 삶의 자태가 선포됩니다.

## 하나님의 은혜와 통치에 관한 복된 소식

따라서 제자들은 말씀에 순종하라는 엄중한 요구 아래 살아갑니다. 예수님의 마지막 당부는 모든 사람들을 제자로 만들라는 것인데, 그 핵심은 "내가 너희들에게 가르친 모든 것을 사람들에게 가르쳐 지키도록 하는 것"(28:20)이었습니다. 예수님께서는 율법의 폐지가 아니라 성취를 위해 오셨습니다. 천국은 말로만 신앙을 고백하는 이가 아니라 "하늘에 계신 내 아버지의 뜻을 실천하는" 이들의 나라입니다(5:20; 7:21). 지혜와 어리석음은 말씀에 대한 지적인 깨우침이 아니라 실천 여부로 갈라집니다(7:24-27).

하나님의 은혜는 조건 없이 다가오지만, 동시에 이 은혜는 그에 어울리는 순종을 '명령'합니다. 은혜를 누리고도 그 요구를 거부하면 은혜는 철회되고 심판의 선고를 받게 됩니다(18:21-35; 22:1-14). 그래서 순종은 종종 지속적인 은총을 위한 조건이 됩니다. '말만 하고 실천하지는 않는 이들'(23:5)을 향한 날 선 저주는 예수님께서 바라시는 참 신앙이 무엇인가를 잘 보여줍니다(23장).

제자들은 오실 주님을 기다립니다. 이 기다림의 영성은 지금 우리와 함께 있는 이웃을 향한 자비와 사랑으로 귀결됩니다. '주기도문'이 가르치는 것처럼, 우리에게 잘못한 이들을 용서하는 사랑이 없으면 하나님의 용서를 기대할 수 없습니다(6:12, 14-15). 천국은 종교적인 열성을 소유한 이들이 아니라 이웃에게 사랑을 베푼 사람들이 들어가는 나라입니다(25:31-46). 우리 삶에선 늘 말과 삶의 괴리가 문제입니다. 하늘을 향하는 나의 눈길은 종종 이웃을 외면하는 '경건한' 수단으로 변질됩니다. 마태복음서는 바로 그런 우리를 향한 말씀입니다. 우리의 삶 속에 스며드는 하나님의 은혜와 통치에 관한 복된 소식입니다.

# { 제1장 }

## **예수의 계보**(눅 3:23-38)

1 아브라함의 자손이요 다윗의 자손인 예수 그리스도의 계보는 이러하다.
2 ○ 아브라함은 이삭을 낳고, 이삭은 야곱을 낳고, 야곱은 유다와 그의 형제들을 낳고, 3 유다는 다말에게서 베레스와 세라를 낳고, 베레스는 헤스론을 낳고, 헤스론은 람을 낳고, 4 람은 아미나답을 낳고, 아미나답은 나손을 낳고, 나손은 살몬을 낳고, 5 살몬은 라합에게서 보아스를 낳고, 보아스는 룻에게서 오벳을 낳고, 오벳은 이새를 낳고, 6 이새는 다윗 왕을 낳았다.
○ 다윗은 우리야의 아내였던 이에게서 솔로몬을 낳고, 7 솔로몬은 르호보암을 낳고, 르호보암은 아비야를 낳고, 아비야는 아삽을 낳고, 8 아삽은 여호사밧을 낳고, 여호사밧은 요람을 낳고, 요람은 웃시야를 낳고, 9 웃시야는 요담을 낳고, 요담은 아하스를 낳고, 아하스는 히스기야를 낳고, 10 히스기야는 므낫세를 낳고, 므낫세는 아모스를 낳고, 아모스는 요시야를 낳

**예수님의 계보에서 아브라함과 다윗이 중요한 기준점으로 등장합니다. 그 의미는 무엇인가요?** 두 사람은 이스라엘 역사의 두 기둥입니다. 아브라함은 하나님의 백성인 이스라엘 민족의 최고 조상(시조)이고, 다윗은 이스라엘 왕국을 대표하는 왕입니다. 하나님께서는 아브라함을 선택해 그의 후손을 큰 민족으로 만들고 가나안 땅을 유산으로 주겠다고 약속하셨고, 다윗에게는 그의 왕조를 '영원히' 지속되게 하겠다고 약속하셨습니다. 이 약속은 유대 민족에게 장차 이스라엘을 구원할 위대한 왕이자 구원자, 곧 메시아를 보내주시겠다는 약속으로 이해되었습니다. '아브라함과 다윗의 후손'이라는 말은 사실상 예수님이 하나님께서 약속하신 메시아라는 주장과 연결됩니다.

고, 11 예루살렘 주민이 바빌론으로 끌려갈 무렵에, 요시야는 여고냐와 그의 형제들을 낳았다.

12 ○ 예루살렘 주민이 바빌론으로 끌려간 뒤에, 여고냐는 스알디엘을 낳고, 스알디엘은 스룹바벨을 낳고, 13 스룹바벨은 아비훗을 낳고, 아비훗은 엘리야김을 낳고, 엘리야김은 아소르를 낳고, 14 아소르는 사독을 낳고, 사독은 아킴을 낳고, 아킴은 엘리웃을 낳고, 15 엘리웃은 엘르아살을 낳고, 엘르아살은 맛단을 낳고, 맛단은 야곱을 낳고, 16 야곱은 마리아의 남편 요셉을 낳았다. 마리아에게서 그리스도라고 하는 예수가 태어나셨다.

17 ○ 그러므로 그 모든 대수는 아브라함으로부터 다윗까지 열네 대요, 다윗으로부터 바빌론에 끌려갈 때까지 열네 대요, 바빌론으로 끌려간 때로부터 그리스도까지 열네 대이다.

## 예수의 탄생(눅 2:1-7)

18 ○ 예수 그리스도의 태어나심은 이러하다. 그의 어머니 마리아가 요셉과 약혼하고 나서, 같이 살기 전에, 마리아가 성령

**계보를 14대로 구분하는 언급이 나옵니다(17절). 14라는 숫자가 상징하는 바가 있나요?** 실제 족보가 정확히 14대로 이루어진 것은 아니지만, 마태복음서의 저자는 나름의 기준으로 중요한 인물을 선별하고 결정적인 기점을 중심으로 14대가 반복되는 구조를 만들었습니다. 이러한 구조는 예수님께 이르는 역사의 과정에 하나님의 분명한 계획이 있다는 것을 암시합니다. 정확히 알 수는 없지만, 14라는 숫자는 족보의 중심이자 메시아 약속의 실질적 기원인 다윗의 이름과 관련된 것으로 보입니다. 히브리어 글자는 수로도 사용되는데, 다윗이라는 히브리어 이름 세 글자를 숫자로 더하면 14가 됩니다. '다윗의 자손' 예수님의 위상을 부각시키려는 의도로 볼 수 있습니다.

으로 잉태한 사실이 드러났다. 19 마리아의 남편 요셉은 의로운 사람이라서 약혼자에게 부끄러움을 주지 않으려고, 가만히 파혼하려 하였다. 20 요셉이 이렇게 생각하고 있는데, 주님의 천사가 꿈에 그에게 나타나서 말하였다. "다윗의 자손 요셉아, 두려워하지 말고, 마리아를 네 아내로 맞아들여라. 그 태중에 있는 아기는 성령으로 말미암은 것이다. 21 마리아가 아들을 낳을 것이니, 너는 그 이름을 예수라고 하여라. 그가 자기 백성을 그들의 죄에서 구원하실 것이다." 22 이 모든 일이 일어난 것은, 주님께서 예언자를 시켜서 이르시기를, 23 "보아라, 동정녀가 잉태하여 아들을 낳을 것이니, 그의 이름을 임마누엘이라고 할 것이다" 하신 말씀을 이루려고 하신 것이다. (임마누엘은 번역하면 '하나님이 우리와 함께 계시다'는 뜻이다.) 24 요셉은 잠에서 깨어 일어나서, 주님의 천사가 말한 대로, 마리아를 아내로 맞아들였다. 25 그러나 아들을 낳을 때까지는 아내와 잠자리를 같이하지 않았다. 아들이 태어나니, 요셉은 그 이름을 예수라고 하였다.

**요셉에게는 '의로운 사람'(19절)이라는 수식어가 있지만, 마리아는 족보도 집안도 성품도 전혀 언급되지 않습니다. 그녀가 예수님의 어머니로 선택된 이유가 궁금합니다.**

마리아가 주인공으로 등장하는 누가복음서와 달리, 마태복음서에는 예수님의 탄생 이야기가 요셉의 관점에서 기록되었습니다. 약혼녀의 혼전 임신을 알게 되는 당황스러운 상황과 마주한 요셉은 최대한 조용히 일을 처리하려는 신중한 움직임 가운데 하나님의 계시를 받고 모든 것이 하나님의 초월적 섭리임을 깨닫습니다. 헤롯이 아기 예수를 살해하려는 상황(2:13-23)에서도 요셉이 주인공입니다. 반면 마리아의 모습은 잘 보이지 않습니다. 저자가 시종일관 요셉의 입장에서 이야기를 쓰기 때문입니다. 예수님의 이야기를 왕의 탄생과 왕권을 둘러싼 투쟁 이야기로 그렸기 때문에 자연히 마리아의 '방송 분량'은 많지 않았을 것입니다.

## { 제2장 }

### 동방박사들이 아기에게 경배하러 오다

1 헤롯 왕 때에, 예수께서 유대 베들레헴에서 나셨다. 그런데 동방으로부터 박사들이 예루살렘에 와서 2 말하였다. "유대인의 왕으로 나신 이가 어디에 계십니까? 우리가 동방에서 그의 별을 보고, 그에게 경배하러 왔습니다." 3 헤롯 왕은 이 말을 듣고 당황하였고, 온 예루살렘 사람들도 그와 함께 당황하였다. 4 왕은 백성의 대제사장들과 율법교사들을 다 모아놓고서, 그리스도가 어디에서 태어나실지를 그들에게 물어보았다. 5 그들이 왕에게 말하였다. "유대 베들레헴입니다. 예언자가 이렇게 기록하여놓았습니다. 6 '너 유대 땅에 있는 베들레헴아, 너는 유대 고을 가운데서 아주 작지가 않다. 너에게서 통치자가 나올 것이니, 그가 내 백성 이스라엘을 다스릴 것이다.'"

7 ○ 그때에 헤롯은 그 박사들을 가만히 불러서, 별이 나타난 때를 캐어묻고, 8 그들을 베들레헴으로 보내며 말하였다. "가서, 그 아기를 샅샅이 찾아보시오. 찾거든, 나에게 알려주시

**동방으로부터 온 박사들(1절)은 구체적으로 어디에서 온 누구인가요?** 현재 이란의 조상인 고대 페르시아의 점성술사들을 가리킵니다. '박사'로 번역된 헬라어 '마고스'는 점성술사를 가리키는 페르시아어에서 차용된 것입니다. 영어 'magic'의 어원이기도 합니다. 이들은 별을 관찰하면서 어떤 특별한 일이 있음을 알았고, 이를 '유대인의 왕의 탄생'으로 이해했습니다. 그리고 이 왕을 경배하기 위해 예루살렘으로 여행합니다. 예루살렘에서 베들레헴을 찾아가려 할 때 동방에서 봤던 그 별이 다시 나타나 길을 인도합니다. 물론 하늘의 별이 작은 시골길을 안내하는 장면은 문자적으로 그려내기 매우 어려운 만큼, 어느 정도 상징적인 표현으로 읽을 수 있습니다.

오. 나도 가서, 그에게 경배할 생각이오." 9 그들은 왕의 말을 듣고 떠났다. 그런데 동방에서 본 그 별이 그들 앞에 나타나서 그들을 인도해가다가, 아기가 있는 곳에 이르러서, 그 위에 멈추었다. 10 그들은 그 별을 보고, 무척이나 크게 기뻐하였다. 11 그들은 그 집에 들어가서, 아기가 그의 어머니 마리아와 함께 있는 것을 보고, 엎드려서 그에게 경배하였다. 그리고 그들의 보물 상자를 열어서, 아기에게 황금과 유향과 몰약을 예물로 드렸다. 12 그리고 그들은 꿈에 헤롯에게 돌아가지 말라는 지시를 받아, 다른 길로 자기 나라에 돌아갔다.

## 예수의 가족이 이집트로 피신하다

13 ○ 박사들이 돌아간 뒤에, 주님의 천사가 꿈에 요셉에게 나타나서 말하였다. "헤롯이 아기를 찾아서 죽이려고 하니, 일어나서, 아기와 그 어머니를 데리고 이집트로 피신하여라. 그리고 내가 너에게 말해줄 때까지 거기에 있어라." 14 요셉이 일어나서, 밤사이에 아기와 그 어머니를 데리고 이집트로 피신

**마태복음서에는 계속해서 "말씀을 이루시려는 것"(예, 2:15)이라는 언급이 나옵니다. 굳이 그것을 반복하는 이유가 있나요?** 마태복음서는 유난히 성경의 성취를 강조합니다. 그래서 예수님 생애의 중요한 장면마다 그것이 구약의 예언자들을 통해 미리 하신 말씀이 성취된 것이라고 이야기합니다. 예수님의 등장이 하나님의 오랜 계획과 섭리 속에서 준비된 이야기이며, 바로 그 계획이 예수님을 통해 하나하나 실현되고 있다는 것을 말하고 있습니다. 유대인들에게 (구약)성경은 하나님의 계시였습니다. 따라서 메시아로 오신 예수님의 이야기는 이 예수님이 어떻게 하나님께서 약속하신 메시아인지 보여줍니다. 신약성경이 모두 마찬가지지만, 마태복음서는 이 점을 더욱 구체적으로, 그리고 반복해서 강조합니다.

하여, 15 헤롯이 죽을 때까지 거기에 있었다. 이것은 주님께서 예언자를 시켜서 말씀하신 바, "내가 이집트에서 내 아들을 불러냈다" 하신 말씀을 이루시려는 것이었다.

## 헤롯이 어린아이들을 죽이다

16 ○ 헤롯은 박사들에게 속은 것을 알고, 몹시 노하였다. 그는 사람을 보내어, 그 박사들에게 알아본 때를 기준으로, 베들레헴과 그 가까운 온 지역에 사는, 두 살짜리로부터 그 아래의 사내아이를 모조리 죽였다. 17 이리하여 예언자 예레미야를 시켜서 하신 말씀이 이루어졌다. 18 "라마에서 소리가 들려왔다. 울부짖으며, 크게 슬피 우는 소리다. 라헬이 자식들을 잃고 우는데, 자식들이 없어졌으므로, 위로를 받으려 하지 않았다."

## 예수의 가족이 이집트에서 돌아오다

19 ○ 헤롯이 죽은 뒤에, 주님의 천사가 이집트에 있는 요셉에

**헤롯이 끔찍한 유아 살해를 자행하면서까지 아기 예수를 색출해 죽이려고 한 이유는 무엇인가요?** 마태복음서의 예수님 탄생 이야기는 헤롯 왕궁이 주 무대입니다. 다윗의 후손, 곧 이스라엘 왕조를 회복할 '왕'의 탄생이기 때문입니다. 그래서 동방의 점성술사들도 '유대인의 왕'의 탄생을 알고 그에게 경배하러 먼 여행을 감행하고, 아기 예수를 찾아 경배합니다. 당시 유대인의 왕인 헤롯대왕은 자신의 왕위를 위협하는 이런 상황이 반갑지 않습니다. 아기를 없애기 위해 박사들을 속이려 하지만 하나님의 개입으로 실패하고 맙니다. 그래서 예수님 또래의 아기를 전부 살해하지만, 역시 하나님의 계시를 받은 요셉의 가족은 이집트로 피신합니다. 그러나 진정한 왕이신 예수님께서는 결국 자기 백성을 위해 스스로 목숨을 내어놓으십니다.

게 꿈에 나타나서 20 말하였다. "일어나서, 아기와 그 어머니를 데리고 이스라엘 땅으로 가거라. 그 아기의 목숨을 노리던 자들이 죽었다." 21 요셉이 일어나서, 아기와 그 어머니를 데리고 이스라엘 땅으로 들어왔다. 22 그러나 요셉은, 아켈라오가 그 아버지 헤롯을 이어서 유대 지방의 왕이 되었다는 말을 듣고, 그곳으로 가기를 두려워하였다. 그는 꿈에 지시를 받고, 갈릴리 지방으로 물러가서, 23 나사렛이라는 동네로 가서 살았다. 이리하여 예언자들을 시켜서 말씀하신 바, "그는 나사렛 사람이라고 불릴 것이다" 하신 말씀이 이루어졌다.

# { 제3장 }

## 세례자 요한의 전도(막 1:1-8; 눅 3:1-9, 15-17; 요 1:19-28)

1 그 무렵에 세례자 요한이 나타나서, 유대 광야에서 선포하여 2 말하기를 "회개하여라. 하늘나라가 가까이 왔다" 하였다. 3 이 사람을 두고 예언자 이사야는 이렇게 말하였다. "광야에서 외

**요한에게는 왜 '세례자'라는 별칭이 붙었나요? 그는 성직자였나요?** 요한은 구약성경의 요나를 헬라어로 표기한 것인데, 유대 사회에서는 아주 흔한 이름입니다. 이럴 때는 '요한의 아들 시몬'처럼 아버지의 이름을 붙여 구별하거나 '가룟 유다'처럼 지역 이름을 붙이는 등 다른 특징을 부여합니다. 본문의 요한이라는 인물은 백성에게 "죄를 회개하고 다가오는 하나님 나라를 위해 준비하라"고 외치며 요단강에서 세례를 베풀었습니다. 그래서 '세례자 요한'으로 불렸습니다. 공식 교육을 받은 랍비는 아니었지만, 그는 구약시대의 예언자이자 종말에 다시 나타날 것으로 기대된 엘리야를 연상시키는 예언자로서 광야에서 회개의 메시지를 선포했습니다.

치는 이의 소리가 있다. '너희는 주님의 길을 예비하고, 그의 길을 곧게 하여라.'" 4 요한은 낙타 털옷을 입고, 허리에는 가죽띠를 띠었다. 그의 식물은 메뚜기와 들꿀이었다. 5 그때에 예루살렘과 온 유대와 요단강 부근 사람들이 다 요한에게로 나아가서, 6 자기들의 죄를 자백하며, 요단강에서 그에게 세례를 받았다.

7 ○ 요한은 많은 바리새파 사람과 사두개파 사람들이 세례를 받으러 오는 것을 보고, 그들에게 말하였다. "독사의 자식들아, 누가 너희에게 닥쳐올 징벌을 피하라고 일러주더냐? 8 회개에 알맞은 열매를 맺어라. 9 그리고 너희는 속으로 주제넘게 '아브라함이 우리 조상이다' 하고 말할 생각을 하지 말아라. 내가 너희에게 말한다. 하나님께서는 이 돌들로도 아브라함의 자손을 만드실 수 있다. 10 도끼를 이미 나무뿌리에 갖다놓았으니, 좋은 열매를 맺지 않는 나무는 다 찍어서, 불 속에 던지실 것이다. 11 나는 너희를 회개시키려고 물로 세례를 준다. 내 뒤에 오시는 분은 나보다 더 능력이 있는 분이시다. 나는 그의 신을 들고 다닐 자격조차 없다. 그는 너희에게 성령과 불로 세

**요한은 바리새파와 사두개파 사람들에게 대놓고 '독사의 자식들'(7절)이라는 폭언을 불사합니다. 그 이유는 무엇인가요?** 유대인들에게 뱀은 에덴동산의 뱀을 연상시킵니다. '자식'은 '어둠의 자식들'이라는 표현처럼 어떤 속성을 공유한 사람을 가리킵니다. 곧 '사탄의 자식들'입니다. 유대인들은 자신을 '아브라함의 후손'이라 여겼습니다. 그들은 하나님께서 아브라함의 후손에게 영원히 복을 주고 영원히 버리지 않겠다 약속하셨다고 믿었습니다. 결국 "우리는 아브라함의 후손"이라는 말은 자신들의 복된 미래에 대한 유대인들의 자신감을 표현합니다. 그러나 요한은 그들의 불순종을 지적하며 실천이 결여된 그들의 자신감은 공허할 뿐이라고 폭로합니다. 대신 회개하고 하나님의 뜻에 순종하라고 촉구합니다. 그런 사람이 진정 '아브라함의 후손'이기 때문입니다.

예수님의 세례 *The Baptism of Christ*, Perugino(Pietro di Cristoforo Vannucci), Italy, 1500-1505

례를 주실 것이다. 12 그는 손에 키를 들고 있으니, 타작마당을 깨끗이 하여, 알곡은 곳간에 모아들이고, 쭉정이는 꺼지지 않는 불에 태우실 것이다."

## 예수께서 세례를 받으시다(막 1:9-11; 눅 3:21-22)

13 ○ 그때에 예수께서 요한에게 세례를 받으시려고, 갈릴리를 떠나 요단강으로 요한을 찾아가셨다. 14 그러나 요한은 "내가 선생님께 세례를 받아야 할 터인데, 선생님께서 내게 오셨습니까?" 하고 말하면서 말렸다. 15 예수께서 그에게 말씀하셨다. "지금은 그렇게 하도록 하십시오. 이렇게 하여, 우리가 모든 의를 이루는 것이 옳습니다." 그제서야 요한이 허락하였다. 16 예수께서 세례를 받으시고, 곧 물에서 올라오셨다. 그때에 하늘이 열렸다. 그는 하나님의 영이 비둘기같이 내려와 자기 위에 오는 것을 보셨다. 17 그리고 하늘에서 소리가 나기를 "이는 내가 사랑하는 아들이다. 내가 그를 좋아한다" 하였다.

**예수님과 요한이 나눈 대화가 예사롭지 않습니다. 여기서 "우리가 모든 의를 이루는 것이 옳다"(15절)는 말은 무슨 의미인가요? 그 배경이 궁금합니다.** 요한으로서는 자신이 예수님께 세례를 받는 것이 더 옳아 보이지만, 예수님께서는 반대로 자신이 세례를 받는 것이 하나님의 올바른 뜻을 구현하는 것이라 말씀하십니다. 요한으로부터 세례를 받아야만 하는 깊은 이유가 있다는 뜻입니다. 요한의 세례는 '죄 용서를 위한 회개의 세례'로 규정됩니다. 따라서 세례는 죄의 고백과 용서의 의식입니다. '자기 백성을 그들의 죄에서 구원하실 분'(1:21)이신 예수님께서 이런 세례를 받으신 것은 죄를 용서받아야 할 백성과 자신을 동일시하고, 백성의 죄를 용서하기 위해 스스로를 내어주실 것을 암시합니다. 바로 이것이 하나님께서 자신을 이 땅에 보내신 뜻임을 예수님께서 아셨다는 의미입니다.

## { 제4장 }

### 예수께서 시험을 받으시다(막 1:12-13; 눅 4:1-13)

1 그즈음에 예수께서 성령에 이끌려 광야로 가셔서, 악마에게 시험을 받으셨다. 2 예수께서 밤낮 사십 일을 금식하시니, 시장하셨다. 3 그런데 시험하는 자가 와서, 예수께 말하였다. "네가 하나님의 아들이거든, 이 돌들에게 빵이 되라고 말해보아라." 4 예수께서 대답하셨다. "성경에 기록하기를 '사람이 빵으로만 살 것이 아니라, 하나님의 입에서 나오는 모든 말씀으로 살 것이다' 하였다." 5 그때에 악마는 예수를 그 거룩한 도성으로 데리고 가서, 성전 꼭대기에 세우고 6 말하였다. "네가 하나님의 아들이거든, 여기에서 뛰어내려 보아라. 성경에 기록하기를 '하나님이 너를 위하여 자기 천사들에게 명하실 것이다' 그리고 '그들이 손으로 너를 떠받쳐서, 너의 발이 돌에 부딪치지 않게 할 것이다' 하였다." 7 예수께서 악마에게 말씀하셨다. "또 성경에 기록하기를 '주 너의 하나님을 시험하지 말아라' 하

**인간이 40일을 '광야'에서 금식하는 일이 물리적으로 가능한가요? 이 무리한 설정에는 다른 숨은 의도가 있나요?** 매우 위험한 일이지만, 불가능하지는 않습니다. 그러나 이 이야기의 초점은 광야와 40이 결합되어 생기는 상징적인 의미입니다. 과거 이스라엘은 노예로 살던 이집트에서 나온 후 40년 동안 광야에서 생활하면서 하나님의 시험을 받았으며, 또 하나님을 시험했습니다. 예수님과 사탄의 대화는 대부분 그 광야 이야기를 인용하며 이루어집니다. 말하자면 이 본문은 광야 40년을 광야 40일로 재현하면서, 약속의 땅에 들어가지 못한 원인이었던 이스라엘의 불순종을 예수님의 순종으로 뒤바꾸는 이야기, 그리고 이렇게 이스라엘을 구원의 나라로 이끌겠다는 이야기입니다. 예수님의 생애가 어떤 의미인지 집약적으로 보여주는 장면입니다.

였다." 8 또다시 악마는 예수를 매우 높은 산으로 데리고 가서, 세상의 모든 나라와 그 영광을 보여주고 말하였다. 9 "네가 나에게 엎드려서 절을 하면, 이 모든 것을 네게 주겠다." 10 그때에 예수께서 그에게 말씀하셨다. "사탄아, 물러가라. 성경에 기록하기를 '주 너의 하나님께 경배하고, 그분만을 섬겨라' 하였다." 11 이때에 악마는 떠나가고, 천사들이 와서, 예수께 시중을 들었다.

### 예수께서 갈릴리에서 복음을 선포하기 시작하시다(막 1:14-15; 눅 4:14-15)

12 ○ 예수께서, 요한이 잡혔다고 하는 말을 들으시고, 갈릴리로 돌아가셨다. 13 그리고 그는 나사렛을 떠나, 스불론과 납달리 지역 바닷가에 있는 가버나움으로 가서 사셨다. 14 이것은 예언자 이사야를 시켜서 하신 말씀을 이루시려는 것이었다. 15 "스불론과 납달리 땅, 요단강 건너편, 바다로 가는 길목, 이방 사람들의 갈릴리, 16 어둠에 앉아 있는 백성이 큰 빛을 보

**요한이 체포된 이후 예수님의 활동 지역과 거처가 달라지고, 뭔가 새로운 일을 시작하는 분위기입니다(12-13절). 그 '시점'은 특별한 의미가 있나요?** 요한복음서와는 달리, 마태복음서와 마가복음서, 누가복음서에서는 예수님의 공적 활동이 세례자 요한의 투옥 무렵부터 시작됩니다. 이때부터 예수님께서는 갈릴리로 오셔서 본격적인 가르침과 치유 활동을 시작하십니다. 마태복음서에서 갈릴리는 후미지고 소외된 지역, 사실상 '이민족들의 갈릴리'로 묘사됩니다. 이런 지역적 특성은 어둠에 놓인 이들에게 큰 빛으로 오신 예수님의 역할을 부각시킵니다. 또 세례자 요한은 자기 뒤에 '오실 분'이신 예수님을 준비하는 선구자로 그려지는 만큼, 투옥으로 요한의 실질적인 역할이 끝나면서 자연스럽게 주인공 메시아 예수님의 활동이 시작되는 흐름입니다.

았고, 그늘진 죽음의 땅에 앉은 사람들에게 빛이 비치었다."
17 ○ 그때부터 예수께서는 "회개하여라. 하늘나라가 가까이 왔다" 하고 선포하기 시작하셨다.

## 어부들을 부르시다(막 1:16-20; 눅 5:1-11)

18 ○ 예수께서 갈릴리 바닷가를 걸어가시다가, 두 형제, 베드로라는 시몬과 그와 형제간인 안드레가 그물을 던지고 있는 것을 보셨다. 그들은 어부였다. 19 예수께서 그들에게 말씀하셨다. "나를 따라오너라. 나는 너희를 사람을 낚는 어부로 삼겠다." 20 그들은 곧 그물을 버리고 예수를 따라갔다. 21 거기에서 조금 더 가시다가, 예수께서 다른 두 형제 곧 세베대의 아들 야고보와 그의 동생 요한을 보셨다. 그들은 아버지 세베대와 함께 배에서 그물을 깁고 있었다. 예수께서 그들을 부르셨다. 22 그들은 곧 배와 자기들의 아버지를 놓아두고, 예수를 따라갔다.

**같이 일을 하려면 능력 있는 사람을 발탁하는 것이 순리입니다. 그럼에도 불구하고 예수님이 아무런 영향력도 없는 어부 두 사람을 선택한 이유는 무엇인가요?** 왜 그랬는지는 설명이 없으니 추측할 뿐입니다. 다른 랍비들처럼 예수님께서도 제자들을 모으셨지만, 자질을 검증해 모집하신 것 같지는 않습니다. 마태복음서는 예수님께서 갈릴리 호숫가에서 어부들을 최초의 제자로 선택하시는 이 이야기를 통해, 이 선택이 예수님의 주도적인 요구와 제자들의 즉각적인 응답으로 이루어졌다는 사실을 강조합니다. 대안적인 사회인 하나님 나라를 생각하면, 어떤 인간적인 탁월함이나 영향력이 아니라 말씀에 대한 즉각적인 순종으로 대안적 삶을 실천하려는 태도가 제자의 가장 중요한 자질임을 알 수 있습니다. 실제 마태복음서의 핵심 주제 중 하나는 예수님의 말씀에 대한 순종입니다.

## 무리에게 복음을 전하시다(눅 6:17-19)

23 ㅇ 예수께서 온 갈릴리를 두루 다니시면서, 그들의 회당에서 가르치며, 하늘나라의 복음을 선포하며, 백성 가운데서 모든 질병과 아픔을 고쳐주셨다. 24 예수의 소문이 온 시리아에 퍼졌다. 그리하여 사람들이, 갖가지 질병과 고통으로 앓는 모든 환자들과 귀신 들린 사람들과 간질병 환자들과 중풍병 환자들을 예수께로 데리고 왔다. 예수께서는 그들을 고쳐주셨다. 25 그리하여 갈릴리와 데가볼리와 예루살렘과 유대와 요단강 건너편으로부터, 많은 무리가 예수를 따라왔다.

# { 제5장 }

## 산상 설교(마 5-7)

1 예수께서 무리를 보시고, 산에 올라가 앉으시니, 제자들이 그에게 나아왔다. 2 예수께서 입을 열어서 그들을 가르치셨다.

## 복이 있는 사람(눅 6:20-23)

3 "마음이 가난한 사람은 복이 있다. 하늘나라가 그들의 것이다. 4 슬퍼하는 사람은 복이 있다. 하나님이 그들을 위로하실 것이다. 5 온유한 사람은 복이 있다. 그들이 땅을 차지할 것이다. 6 의에 주리고 목마른 사람은 복이 있다. 그들이 배부를 것이다. 7 자비한 사람은 복이 있다. 하나님이 그들을 자비롭게 대하실 것이다. 8 마음이 깨끗한 사람은 복이 있다. 그들이 하나님을 볼 것이다. 9 평화를 이루는 사람은 복이 있다. 하나님이 그들을 자기의 자녀라고 부르실 것이다. 10 의를 위하여 박

**'산상 설교'라는 제목은 어디에서 온 것인가요? 제목을 붙일 만큼 이 메시지가 중요한가요?** 말씀과 순종을 강조하는 마태복음서에는 다섯 개의 설교 단락이 있습니다. 5-7장이 그 첫 덩어리인데, 산에 올라가 그 자락에서 가르치셨다 해서 산상 설교라 부릅니다. 교회에서는 '산상수훈'(山上垂訓)이라는 표현이 더 많이 사용됩니다. 마태복음서의 흐름에서 산상수훈은 예수님께서 본격적으로 활동을 개시하기 직전에 선포한, 일종의 메시아 취임 연설과 같습니다. 예수님께서는 자신을 따라 제자가 된다는 말의 의미가 무엇인지, 다가올 천국(하나님 나라)에 들어갈 사람들의 모습이 어떤 것인지 선포하시고, 그 대가를 미리 경고하며 '군기가 바짝 들도록' 가르치십니다. 빈 말이 아닌, 삶으로 드러나는 순종에 대한 가르침입니다.

해를 받은 사람은 복이 있다. 하늘나라가 그들의 것이다. 11 ○ 너희가 나 때문에 모욕을 당하고, 박해를 받고, 터무니없는 말로 온갖 비난을 받으면, 복이 있다. 12 너희는 기뻐하고 즐거워하여라. 하늘에서 받을 너희의 상이 크기 때문이다. 너희보다 먼저 온 예언자들도 이와 같이 박해를 받았다."

## 소금과 빛(막 9:50; 눅 14:34-35)

13 ○ "너희는 세상의 소금이다. 소금이 짠맛을 잃으면, 무엇으로 그 짠맛을 되찾게 하겠느냐? 짠맛을 잃은 소금은 아무 데도 쓸데가 없으므로, 바깥에 내버려서 사람들이 짓밟을 뿐이다. 14 너희는 세상의 빛이다. 산 위에 세운 마을은 숨길 수 없다. 15 또 사람이 등불을 켜서 **말** 아래에다 내려놓지 아니하고, **등경** 위에다 놓아둔다. 그래야 등불이 집 안에 있는 모든

**3-12절에서 "복이 있다"고 말한 이유와 설명에 쉽게 납득이 가지 않습니다. 어떻게 이해하는 것이 옳은가요?** 복된 이유는 "하늘나라가 그들의 것이기 때문"입니다(3, 10절). 그 사이에 나오는 미래에 대한 약속들은 모두 하늘나라를 소유하는 것의 의미를 구체적인 이미지로 형상화합니다. 불편한 대목은 "복되구나!" 하고 선포되는 사람들의 실제 모습입니다. 마음이 가난하고, 슬퍼하고, 의에 주리고 목마르고, 박해를 받는, 흔히 불행해 보이는 사람들이 복된 사람으로 선포되기 때문입니다. 이들은 현세적인 욕망을 따르는 삶이 아니라, 다가올 하늘나라에 어울리는 대안적인 삶을 사는 사람들입니다. 그런 삶을 현상적 이미지로 표현한 것입니다. 그래서 세상의 압박에 굴하지 않고 제자다운 모습을 지키는 것의 중요성이 강조됩니다.

+말 : 원본에서 곡식을 재는 단위 혹은 그만큼을 담을 수 있는 용기를 가리키는 표현이라, 우리말에서 열 되를 의미하는 '말'로 옮겼다.

+등경(燈檠) : 등잔을 올려놓는 등잔걸이 혹은 등잔대(Lampstand)를 말한다. 등불이 사람들에게 보이는 높은 곳에 있어야 한다는 사실을 부각시키기 위해 사용된 이미지다.

사람에게 환히 비친다. 16 이와 같이, 너희 빛을 사람에게 비추어서, 그들이 너희의 착한 행실을 보고, 하늘에 계신 너희 아버지께 영광을 돌리게 하여라."

## 율법에 대한 교훈

17 ○ "내가 율법이나 예언자들의 말을 폐하러 온 줄로 생각하지 말아라. 폐하러 온 것이 아니라, 완성하러 왔다. 18 내가 진정으로 너희에게 말한다. 천지가 없어지기 전에는 율법은 일점일획도 없어지지 않고, 다 이루어질 것이다. 19 그러므로 누구든지 이 계명 가운데 아주 작은 것 하나라도 어기고 사람들을 그렇게 가르치는 사람은, 하늘나라에서 아주 작은 사람으로 일컬어질 것이요, 또 누구든지 계명을 행하며 가르치는 사람은, 하늘나라에서 큰사람이라고 일컬어질 것이다. 20 내가 너희에게 말한다. 너희의 의가 율법학자들과 바리새파 사람들의 의보다 낫지 않으면, 너희는 하늘나라에 들어가지 못할 것이다."

**"율법을 완성한다"(17절)는 것은 무슨 말인가요?** 물리적으로 '채우다'(to fulfill)라는 뜻인데, 보통 성경에서는 좀 더 확장된 의미로 '완성하다' 혹은 '성취하다'로 번역됩니다. 율법을 채운다는 것은 율법의 규정을 충실하게 실천한다는 의미일 수도 있고, 율법이 품은 의도를 성취한다는 의미일 수도 있습니다. 물론 율법의 의도를 성취하는 것은 구체적인 실천과 분리될 수 없을 것입니다. 마태복음서에서는 율법 규정의 실천을 강조하는 표현으로 사용되었습니다. 본질을 무시한 기계적인 실천이나 욕망을 가장한 위선적인 실천이 아니라, 율법을 주신 하나님의 뜻을 숙고하면서 이를 구체적인 상황으로 연결하는 역동적인 실천입니다. 마태복음서의 예수님께서는 이 순종이 천국에 들어가는 길이요, 조건이라고 가르치십니다.

## 분노에 대한 교훈

21 ○ "옛사람들에게 말하기를 '살인하지 말아라. 누구든지 살인하는 사람은 재판을 받아야 할 것이다' 한 것을 너희는 들었다. 22 그러나 나는 너희에게 말한다. 자기 형제나 자매에게 성내는 사람은, 누구나 심판을 받는다. 자기 형제나 자매에게 얼간이라고 말하는 사람은, 누구나 공의회에 불려갈 것이요, 또 바보라고 말하는 사람은 지옥 불 속에 던져질 것이다. 23 그러므로 네가 제단에 제물을 드리려고 하다가, 네 형제나 자매가 네게 어떤 원한을 품고 있다는 생각이 나거든, 24 너는 그 제물을 제단 앞에 놓아두고, 먼저 가서 네 형제나 자매와 화해하여라. 그런 다음에 돌아와서 제물을 드려라. 25 너를 고소하는 사람과 함께 법정으로 갈 때에는, 도중에 얼른 그와 화해하도록 하여라. 그렇지 않으면, 고소하는 사람이 너를 재판관에게 넘겨주고, 재판관은 형무소 관리에게 넘겨주어서, 그가 너를 감옥에 집어넣을 것이다. 26 내가 진정으로 너희에게 말한다. 너희가 마지막 한 푼까지 다 갚기 전

**'분노에 대한 교훈' 부분은 매우 행위 중심적인 메시지로 들립니다. 착한 사람으로 사는 게 얼마나 중요한지 강조하는 건가요?** 예수님께서는 하나님의 뜻을 실천하는 일, 곧 선행의 중요성을 매우 강조하십니다. '행위 중심적'이라는 염려는 어쩌면 사람됨의 본질이 우리의 몸으로, 곧 구체적인 행위로 표현될 수밖에 없다는 사실을 간과했기 때문일 수도 있습니다. 행위가 본질을 배반하는 경우가 존재하지만, 그렇다고 우리 인간이 행위 없이 정신적인 삶을 사는 비물질적인 존재도 아닙니다. 그래서 예수님께서는 사람들 사이에서 이루어지는 우리의 행위에 깊은 관심을 보이십니다. 하나님을 향한 신앙이 관계 속에서의 선함과 분리될 수 없는 이유가 여기 있습니다. 분노에 관한 가르침은 그런 실천하는 신앙의 구체적인 사례 중 하나입니다.

에는, 거기에서 나오지 못할 것이다."

## 음욕과 간음

27 ○ "'간음하지 말아라' 하고 말한 것을, 너희는 들었다. 28 그러나 나는 너희에게 말한다. 여자를 보고 음욕을 품는 사람은 이미 마음으로 그 여자를 범하였다. 29 네 오른 눈이 너로 하여금 죄를 짓게 하거든, 빼서 내버려라. 신체의 한 부분을 잃는 것이, 온몸이 지옥에 던져지는 것보다 더 낫다. 30 또 네 오른손이 너로 하여금 죄를 짓게 하거든, 찍어서 내버려라. 신체의 한 부분을 잃는 것이, 온몸이 지옥에 던져지는 것보다 더 낫다."

## 이혼과 간음(마 19:9; 막 10:11–12; 눅 16:18)

31 ○ "'누구든지 아내를 버리려는 사람은 그에게 이혼증서를 써주어라' 하고 말하였다. 32 그러나 나는 너희에게 말한다.

음욕, 이혼, 간음에 대한 가르침은 하나같이 과격하게 들립니다. 실천하기 너무 힘들어서 지레 포기하거나 무시하기 쉬운 것 같습니다. 예수님이 정말 의도한 바는 무엇인가요? 힘들어 보이는 만큼 의견도 다양합니다. 문자 그대로의 실천을 위한 교훈이다, 일시적으로만 적용된 급진적 교훈이다, 최선을 이끌어내기 위해 다소 과장된 언어로 가르치신 것이다 등등. 이러한 급진적 교훈은 순종의 중요성을 강조하면서 동시에 인간의 악함과 약함을 더욱 분명하게 드러냅니다. 예수님의 과격한 요구 앞에서 인간은 누구나 자신만만하기 어렵습니다. 하지만 한계를 인식하는 것은 겸허함 속에 변화와 성장을 일구는 바탕이 되기도 합니다. 순종은 거래의 대상이 될 수 없는 하나님의 선명한 요구라는 깨달음, 그리고 자신이 부족한 존재임을 알기에 더욱 하나님의 뜻을 따라가려는 겸허한 발걸음, 이것이 예수님께서 원하시는 모습입니다.

음행을 한 경우를 제외하고 아내를 버리는 사람은 그 여자를 간음하게 하는 것이요, 또 버림받은 여자와 결혼하는 사람은 누구든지 간음하는 것이다."

## 맹세에 대한 교훈

33 ○ "옛사람들에게 말하기를 '너는 거짓 맹세를 하지 말아야 하고, 네가 맹세한 것은 그대로 주님께 지켜야 한다' 한 것을, 너희는 또한 들었다. 34 그러나 나는 너희에게 말한다. 아예 맹세하지 말아라. 하늘을 두고도 맹세하지 말아라. 그것은 하나님의 보좌이기 때문이다. 35 땅을 두고도 맹세하지 말아라. 그것은 하나님께서 발을 놓으시는 발판이기 때문이다. 예루살렘을 두고도 맹세하지 말아라. 그것은 크신 임금님의 도성이기 때문이다. 36 네 머리를 두고도 맹세하지 말아라. 너는 머리카락 하나라도 희게 하거나 검게 할 수 없기 때문이다. 37 너희는 '예' 할 때에는 '예'라는 말만 하고, '아니오' 할 때에는 '아니오'라

**맹세하는 일은 그 당시에 흔한 언어 습관이었나요? 이런 메시지가 나온 배경이 궁금합니다.** 맹세 자체는 보편적인 현상입니다. 예수님께서는 하나님을 향한 겸허한 서약이라는 본래 의도를 벗어나, 이기적인 욕망을 위한 위선적 장치로 도용되던 맹세의 관행을 겨냥하십니다. 우리는 보통 내 말로는 안 되겠다 싶을 때 다른 무언가를 끌어와 내 말을 '보증'하려 합니다. 천지신명을 두고 맹세하고, 손에 장을 지진다 큰소리치며, 때론 목숨을 걸기도 합니다. 예수님께서는 이것이 대부분 악한 의도에서 나온 표현이라 규정하십니다. 진실한 언어가 내가 할 수 있는 최선임에도 외부의 권위를 빙자하는 꼼수를 쓰는 이유는 대개 진리의 열정과는 무관한, 꼭 이루고 싶은 나 자신의 악한 욕망 때문입니다. 다른 무언가에 기대지 말고 나의 말과 삶 자체로 나의 진실함을 뒷받침하는 삶을 살라는 것, 이것이 예수님의 가르침입니다.

는 말만 하여라. 이보다 지나치는 것은 악에서 나오는 것이다."

## 보복하지 말아라(눅 6:29-30)

38 ○ "'눈은 눈으로, 이는 이로 갚아라' 하고 말한 것을 너희는 들었다. 39 그러나 나는 너희에게 말한다. 악한 사람에게 맞서지 말아라. 누가 네 오른쪽 뺨을 치거든, 왼쪽 뺨마저 돌려 대어라. 40 너를 걸어 고소하여 네 속옷을 가지려는 사람에게는, 겉옷까지도 내주어라. 41 누가 너더러 억지로 오 리를 가자고 하거든, 십 리를 같이 가주어라. 42 네게 달라는 사람에게는 주고, 네게 꾸려고 하는 사람을 물리치지 말아라."

## 원수를 사랑하여라(눅 6:27-28, 32-36)

43 ○ "'네 이웃을 사랑하고, 네 원수를 미워하여라' 하고 말한 것을 너희는 들었다. 44 그러나 나는 너희에게 말한다. 너희

**원수를 사랑하고 나를 박해하는 사람을 위해 기도하는 일은 인간이 실천할 수 있는 과제인가요? 예수님이 이렇게 높은 기준을 제시한 이유는 무엇인가요?** 견디기 어려운 고통을 가져다준 가해자를 용서하는 일은 참으로 어렵습니다. 특히 그런 가해가 순간의 일이 아니라, 오래 지속되었거나 현재도 진행 중이라면 더욱 그렇습니다. 하지만 결코 불가능한 일은 아닙니다. 용서는 과거의 아픔을 해결하는 일이기도 하지만, 서로를 향한 부정적인 태도와 폭력의 악순환을 끊어내는 것이기도 합니다. 용서는 나에게 가해진 부당한 대우인 '악'을 '악'으로 갚는 대신, 그 흐름이 나에게서 멈추도록 하는 행위입니다. 여기서 새로운 관계를 위한 가능성이 생겨납니다. 그리스도인들에게 이 용서의 원형은 그리스도의 십자가 희생입니다. 그리스도의 십자가가 세상 모든 악을 용서하고 새로운 삶을 이끌어내는 근원이라는 고백입니다.

원수를 사랑하고, 너희를 박해하는 사람을 위하여 기도하여라. 45 그래야만 너희가 하늘에 계신 너희 아버지의 자녀가 될 것이다. 아버지께서는, 악한 사람에게나 선한 사람에게나 똑같이 해를 떠오르게 하시고, 의로운 사람에게나 불의한 사람에게나 똑같이 비를 내려주신다. 46 너희를 사랑하는 사람만 너희가 사랑하면, 무슨 상을 받겠느냐? 세리도 그만큼은 하지 않느냐? 47 또 너희가 너희 형제자매들에게만 인사를 하면서 지내면, 남보다 나을 것이 무엇이냐? 이방 사람들도 그만큼은 하지 않느냐? 48 그러므로 하늘에 계신 너희 아버지께서 완전하신 것같이, 너희도 완전하여라."

# { 제6장 }

## 올바른 자선 행위

1 "너희는 남에게 보이려고 의로운 일을 사람들 앞에서 하지 않도록 조심하여라. 그렇지 않으면, 너희는 하늘에 계신 너희 아버지에게서 상을 받지 못한다.
2 ○ 그러므로 네가 자선을 베풀 때에는, 위선자들이 사람들에게 칭찬을 받으려고 회당과 거리에서 그렇게 하듯이, 네 앞에 나팔을 불지 말아라. 내가 진정으로 너희에게 말한다. 그들은 자기네 상을 이미 다 받았다. 3 너는 자선을 베풀 때에는, 오른손이 하는 일을 왼손이 모르게 하여, 4 네 자선 행위를 숨겨두어라. 그리하면, 남모르게 숨어서 보시는 네 아버지께서 너에게 갚아주실 것이다."

요즘에는 오른손이 하는 일을 세상에 널리 알려야 선행의 효과도 있고, 연쇄반응도 기대할 수 있습니다. 선행이 마케팅 전략이 된 지 이미 오래되었고요. 그럼에도 불구하고 이 말씀을 이 시대에 그대로 따라야 할까요? 인간의 언어는 늘 특정한 상황을 전제로 이루어지기에 그 상황을 무시하고 읽는 것은 위험합니다. 예수님께서는 실제 이웃을 향한 정의나 연민이나 정직은 없으면서 훌륭한 사람인 듯 과장된 몸짓을 선보이는 위선을 지적하십니다. 우리는 진짜 착하게 사는 건 싫어하면서도 남에게는 그럴듯하게 보이고 싶은 욕망에 시달립니다. 그렇기에 '선행'이 진솔한 선행이 아니라 나를 멋지게 보이기 위한 정치적 도구가 될 수 있습니다. 특히 이런 위선은 예나 지금이나 종교 지도자들에게 더욱 치명적인 유혹입니다. 그러니까 예수님의 진의는 "무조건 숨겨라"가 아니라 "제발 진실하라"는 것입니다. 겉으로 보이는 것과 상관없이, 우리 행동이 늘 신실한 순종이 되게 하라는 명령입니다.

## 예수께서 가르치신 기도(눅 11:2-4)

5 ○ "너희는 기도할 때에, 위선자들처럼 하지 말아라. 그들은 사람들에게 보이려고, 회당과 큰길 모퉁이에 서서 기도하기를 좋아한다. 내가 진정으로 너희에게 말한다. 그들은 자기네 상을 이미 다 받았다. 6 너는 기도할 때에, 골방에 들어가 문을 닫고서, 숨어서 계시는 네 아버지께 기도하여라. 그리하면 숨어서 보시는 너의 아버지께서 너에게 갚아주실 것이다.
7 ○ 너희는 기도할 때에, 이방 사람들처럼 빈말을 되풀이하지 말아라. 그들은 말을 많이 하여야만 들어주시는 줄로 생각한다. 8 그러므로 그들을 본받지 말아라. 하나님 너희 아버지께서는, 너희가 구하기 전에, 너희에게 필요한 것이 무엇인지를 알고 계신다. 9 그러므로 너희는 이렇게 기도하여라. 하늘에 계신 우리 아버지, 그 이름을 거룩하게 하여주시며, 10 그 나라를 오게 하여주시며, 그 뜻을 하늘에서 이루심같이, 땅에서도 이루어주십시오. 11 오늘 우리에게 필요한 양식을 내려주시고, 12 우리가 우리에게 죄지은 사람을 용서하여준 것같이

**예수님은 기존의 기도 형식을 비판하면서 새로운 기도를 가르쳐줍니다. 형식이야 어떻든 기도하는 마음(본질)만 바르면 되는 거 아닌가요?** '마음'은 중요하지만 모호합니다. 인간의 마음은 많은 부분이 '생각'이고, 생각은 언어, 곧 말로 이루어집니다. 마음은 언어로 표현되고, 우리가 주고받는 말은 또다시 우리의 생각과 마음에 영향을 미칩니다. 그래서 '언어순화운동'을 강조하곤 합니다. 올바른 기도의 언어는 올바른 마음을 구체적으로 표현하고, 이는 우리의 자세를 더욱 선명하고 튼튼하게 하는 계기가 됩니다. 예를 들어 "우리가 우리에게 죄 지은 사람은 용서한 것처럼 우리의 죄를 용서해달라"고 기도하면서 우리는 이웃을 용서하지 않고 하나님의 용서를 말하는 것은 위선이라는 사실을 되새기게 됩니다.

우리의 죄를 용서하여주시고, 13 우리를 시험에 들지 않게 하시고, 악에서 구하여주십시오. [[나라와 권세와 영광은 영원히 아버지의 것입니다. 아멘.]] 14 너희가 남의 잘못을 용서해주면, 너희 하늘 아버지께서도 너희를 용서해주실 것이다. 15 그러나 너희가 남을 용서해주지 않으면, 너희 아버지께서도 너희의 잘못을 용서해주지 않으실 것이다."

## 올바른 금식

16 ○ "너희는 금식할 때에, 위선자들과 같이 슬픈 기색을 띠지 말아라. 그들은 금식하는 것을 남에게 보이려고, 얼굴을 흉하게 한다. 내가 진정으로 너희에게 말한다. 그들은 자기네 상을 이미 받았다. 17 너는 금식할 때에, 머리에 기름을 바르고, 낯을 씻어라. 18 그리하여 금식하는 것을 사람들에게 드러내지 말고, 보이지 않게 숨어서 계시는 네 아버지께서 보시게 하여라. 그리하면 남모르게 숨어서 보시는 네 아버지께서 너에게 갚아주실 것이다."

**자선, 기도, 금식 등 예수님은 기존의 종교 형식들을 가차 없이 비판하면서 새 방법을 제시합니다. 예수님이 이야기한 내용은 당대 사람들에게 환영과 공감을 받았나요?** 예수님의 비판은 위선적인 형식을 겨냥합니다. 자선과 기도와 금식의 중요성은 그대로 인정하시지만, 이런 중요한 덕목이 위선의 장치로 사용되는 지점을 포착하신 예수님께서는 진정한 경건을 갖추라고 말씀하십니다. '비공개'라는 새로운 '방법'을 제시하신 것이 아니라, 남의 시선을 의식하는 태도를 공격하신 것입니다. 예수님의 이러한 비판과 가르침에 대해 "속이 다 시원하다"라고 반응하는 사람이 있는가 하면, 자신의 체제에 대한 급진적인 공격으로 받아들이는 이들도 있었습니다. 진실한 순종은 품이 많이 들기에, 위선은 우리의 영원한 유혹입니다.

## 하늘에 쌓은 보물(눅 12:33-34)

19 ○ "너희는 자기를 위하여 보물을 땅에다가 쌓아두지 말아라. 땅에서는 좀이 먹고 녹이 슬어서 망가지며, 도둑들이 뚫고 들어와서 훔쳐간다. 20 그러므로 너희를 위하여 보물을 하늘에 쌓아두어라. 거기에는 좀이 먹고 녹이 슬어서 망가지는 일이 없고, 도둑들이 뚫고 들어와서 훔쳐가지도 못한다. 21 너의 보물이 있는 곳에, 너의 마음도 있을 것이다."

## 몸의 등불(눅 11:34-36)

22 ○ "눈은 몸의 등불이다. 그러므로 네 눈이 성하면 네 온몸이 밝을 것이요, 23 네 눈이 성하지 못하면 네 온몸이 어두울 것이다. 그러므로 네 속에 있는 빛이 어두우면, 그 어둠이 얼마나 심하겠느냐?"

**오늘 같은 자본주의 시대에 재물을 무시하고 살 수 있나요? 이런 메시지들(19-21절, 24절)은 이 시대에 어떻게 살려 들어야 하나요?** 자본주의 이전이라고 재물에 대한 관심이 덜했다 생각하면 오산입니다. 실존적인 불안을 품고 사는 인간에게 재물은 예나 지금이나 '안전'과 '영원'을 가져다줄 최고의 수단으로 여겨집니다. 재물로 생존하는 몸이라 여기에는 경험으로 체득한 진실이 존재하지만, 이 진실은 쉽게 과장되곤 합니다. 돈을 신처럼 여기고 거기에 내 삶을 맞추는 우상숭배를 하게 됩니다. 그러나 이기적인 생존에 최적화된 태도는 이웃과의 관계를 파괴합니다. 생명의 참 주인이신 하나님을 신뢰하며, '움켜쥐는' 자폐적 삶 대신 함께 나누며 더불어 사는 것이 '하늘에 부를 축적하는' 삶, 곧 진정한 구원에 이르는 삶입니다.

## 하나님과 재물(눅 16:13)

24 ○ "아무도 두 주인을 섬기지 못한다. 한쪽을 미워하고 다른 쪽을 사랑하거나, 한쪽을 중히 여기고 다른 쪽을 업신여길 것이다. 너희는 하나님과 재물을 아울러 섬길 수 없다."

## 근심과 걱정(눅 12:22-34)

25 ○ "그러므로 내가 너희에게 말한다. 목숨을 부지하려고 무엇을 먹을까 또는 무엇을 마실까 걱정하지 말고, 몸을 감싸려고 무엇을 입을까 걱정하지 말아라. 목숨이 음식보다 소중하지 아니하냐? 몸이 옷보다 소중하지 아니하냐? 26 공중의 새를 보아라. 씨를 뿌리지도 않고, 거두지도 않고, 곳간에 모아들이지도 않으나, 너희의 하늘 아버지께서 그것들을 먹이신다. 너희는 새보다 귀하지 아니하냐? 27 너희 가운데서 누가, 걱정을 해서, 자기 수명을 한순간인들 늘릴 수 있느냐? 28 어찌하여 너희는 옷 걱정을 하느냐? 들의 백합화가 어떻게 자라는가

**살인, 차별, 폭력, 전쟁, 학대 등 아직도 세상에서는 끔찍한 일이 벌어지고 있습니다. 그런데도 하나님은 사람의 인생과 살아가는 일에 새보다, 꽃보다 많은 관심을 가지고 계시나요?** 세상의 끔찍한 일들은 대개 개인적이거나 사회적인 욕망의 결과물들입니다. 우리 인간은 도덕이나 법 혹은 제도를 통해 과도한 욕망을 제어하며 공동체의 생존을 도모하려 애를 쓰지만, 우리 삶은 이런 문제들로부터 자유롭지 않습니다. 이 욕망은 인간의 실존적 불안의 표현입니다. 타인의 희생을 강요해서라도 내 삶의 안정을 확보하겠다는 악한 마음입니다. 예수님께서는 바로 이 마음의 악함을 지적하며, 인간의 생명이 하나님의 손에 달려 있다는 근본적인 진리를 일깨우십니다. 그리고 가장 가까이 있는 일상의 풍경에서 그 진리를 확인하십니다.

살펴보아라. 수고도 하지 않고, 길쌈도 하지 않는다. 29 그러나 내가 너희에게 말한다. 온갖 영화로 차려입은 솔로몬도 이 꽃 하나와 같이 잘 입지는 못하였다. 30 오늘 있다가 내일 아궁이에 들어갈 들풀도 하나님께서 이와 같이 입히시거든, 하물며 너희들을 입히시지 않겠느냐? 믿음이 적은 사람들아! 31 그러므로 무엇을 먹을까, 무엇을 마실까, 무엇을 입을까, 하고 걱정하지 말아라. 32 이 모든 것은 모두 이방 사람들이 구하는 것이요, 너희의 하늘 아버지께서는, 이 모든 것이 너희에게 필요하다는 것을 아신다. 33 너희는 먼저 하나님의 나라와 하나님의 의를 구하여라. 그리하면 이 모든 것을 너희에게 더하여주실 것이다. 34 그러므로 내일 일을 걱정하지 말아라. 내일 걱정은 내일이 맡아서 할 것이다. 한 날의 괴로움은 그날에 겪는 것으로 족하다."

# { 제7장 }

## 남을 심판하지 말아라(눅 6:37-38, 41-42)

1 "너희가 심판을 받지 않으려거든, 남을 심판하지 말아라. 2 너희가 남을 심판하는 그 심판으로 하나님께서 너희를 심판하실 것이요, 너희가 되질하여주는 그 되로 너희에게 되어서 주실 것이다. 3 어찌하여 너는 남의 눈 속에 있는 티는 보면서, 네 눈 속에 있는 들보는 깨닫지 못하느냐? 4 네 눈 속에는 들보가 있는데, 어떻게 남에게 말하기를 '네 눈에서 티를 빼내 줄 테니 가만히 있거라' 할 수 있겠느냐? 5 위선자야, 먼저 네 눈에서 들보를 빼내어라. 그래야 네 눈이 잘 보여서, 남의 눈 속에 있는 티를 빼줄 수 있을 것이다."

6 ○ "거룩한 것을 개에게 주지 말고, 너희의 진주를 돼지 앞에 던지지 말아라. 그들이 발로 그것을 짓밟고, 되돌아서서, 너희를 물어뜯을지도 모른다."

**들보와 티의 비교는 언뜻 설득력 있어 보이지만, 건강한 비판마저도 잠재울 위험이 있습니다. 성경이 말하는 비판에 대한 바른 자세는 무엇인가요?** 여기서 예수님의 과녁은 건강한 비판이 아니라 자폐적인 위선입니다. 건강한 판단은 삶의 기본적인 활동 가운데 하나입니다. 싫든 좋든 우리는 늘 다른 사람과 사물에 대해 판단을 내리며 살아가야 하니까요. 그래서 건강한 판단이 더 중요합니다. 하지만 우리는 이기적인 존재라 너무 쉽게 '이중 잣대'로 주변을 바라봅니다. 이럴 때 남을 향한 비판은 상대를 나보다 못한 존재로 끌어내리고 싶은 욕망의 수단이 되곤 합니다. 이를 피하는 방법은 잣대를 하나로 만드는 것입니다. 자신을 바라보는 이해심과 연민의 눈길을 타인을 향한 판단에도 그대로 활용하라는 것입니다. 예수님께서는 이것을 사랑이라 부르셨습니다.

## 구하여라, 찾아라, 문을 두드려라(눅 11:9–13)

7 ○ "구하여라, 그리하면 하나님께서 너희에게 주실 것이다. 찾아라, 그리하면 너희가 찾을 것이다. 문을 두드려라, 그리하면 하나님께서 너희에게 열어주실 것이다. 8 구하는 사람마다 얻을 것이요, 찾는 사람마다 찾을 것이요, 문을 두드리는 사람에게 열어주실 것이다. 9 너희 가운데서 아들이 빵을 달라고 하는데 돌을 줄 사람이 어디에 있으며, 10 생선을 달라고 하는데 뱀을 줄 사람이 어디에 있겠느냐? 11 너희가 악해도 너희 자녀에게 좋은 것을 줄 줄 알거든, 하물며 하늘에 계신 너희 아버지께서, 구하는 사람에게 좋은 것을 주지 아니하시겠느냐?"

12 ○ "그러므로 너희는 무엇이든지, 남에게 대접을 받고자 하는 대로, 너희도 남을 대접하여라. 이것이 율법과 예언서의 본뜻이다."

**율법과 예언서는 무엇이며, 그것이 말하는 본뜻은 무엇인가요?(12절)** 구약성경은 '율법과 예언서' 및 (문학적) '문서들'로 구성됩니다. 보통 '율법과 예언서와 시편'으로 불리지만, 줄여서 '율법과 예언서'로도 부릅니다. 본문은 소위 그리스도교의 '황금률'(Golden Rule)이며, 공자나 칸트도 같은 취지의 이야기를 했습니다. 하나님을 향한 신앙은 초월적이지만, 이는 이웃과의 삶 속에서 구체적으로 표현됩니다. 그래서 율법의 대부분은 이스라엘 공동체를 위한 도덕규범입니다. 예수님께서는 (구약)성경 속 윤리의 핵심을 이 황금률로 요약하십니다. 나와 남을 구별하고 남을 희생해서라도 내 이익을 추구하는 것이 악의 본질이라면, 결국 올바른 삶의 열쇠는 다른 사람을 또 하나의 나로 대하려는 노력일 것입니다.

## 좁은 문(눅 13:24)

13 ○ "좁은 문으로 들어가거라. 멸망으로 이끄는 문은 넓고, 그 길이 널찍하여서, 그리로 들어가는 사람이 많다. 14 생명으로 이끄는 문은 너무나도 좁고, 그 길이 비좁아서, 그것을 찾는 사람이 적다."

## 열매를 보아서 나무를 안다(눅 6:43–44)

15 ○ "거짓 예언자들을 살펴라. 그들은 양의 탈을 쓰고 너희에게 오지만, 속은 굶주린 이리들이다. 16 너희는 그 열매를 보고 그들을 알아야 한다. 가시나무에서 어떻게 포도를 따며, 엉겅퀴에서 어떻게 무화과를 딸 수 있겠느냐? 17 이와 같이, 좋은 나무는 좋은 열매를 맺고, 나쁜 나무는 나쁜 열매를 맺는다. 18 좋은 나무가 나쁜 열매를 맺을 수 없고, 나쁜 나무가 좋은 열매를 맺을 수 없다. 19 좋은 열매를 맺지 않는 나무는, 찍어서 불 속에 던진다. 20 그러므로 너희는 그 열매를 보고 그

**거짓 예언자들은 누구를 말하며, 본문에 나오는 그 '열매'는 무엇인가요?(15–16절)**
우리 존재의 생김새는 우리의 행동을 통해 구체적으로 확인됩니다. 건강한 나무가 건강한 열매를 맺는 것처럼, 우리 행동은 우리 존재가 드러나는 열매입니다. 예언자 역할을 하고, 귀신도 쫓아내고, 기적을 행했다(22절)는 것은 표면적으로는 '거짓' 예언자들의 '역할' 수행이 정상적이었음을 의미합니다. 하지만 하나님 앞에서 이들은 '불법을 행하는 사람들'(23절)입니다. 건강한 섬김처럼 보였지만, 사실 그들의 섬김은 하나님의 뜻이 아닌 자신의 욕망을 추구하는 수단이었습니다. 재주껏 사람의 눈은 속이고, 심지어 그 역할로 유익을 끼칠 수도 있지만, 하나님 앞에서 자기 행동의 실상을 감출 수는 없는 법입니다.

사람들을 알아야 한다."

## 하나님의 뜻을 행하는 일이 중요하다(눅 13:25-27)

21 ○ "나더러 '주님, 주님' 하는 사람이라고 해서, 다 하늘나라에 들어가는 것이 아니다. 하늘에 계신 내 아버지의 뜻을 행하는 사람이라야 들어간다. 22 그날에 많은 사람이 나에게 말하기를 '주님, 주님, 우리가 주님의 이름으로 예언을 하고, 주님의 이름으로 귀신을 쫓아내고, 또 주님의 이름으로 많은 기적을 행하지 않았습니까?' 할 것이다. 23 그때에 내가 그들에게 분명히 말할 것이다. '나는 너희를 도무지 알지 못한다. 불법을 행하는 자들아, 내게서 물러가라.'"

## 모래 위에 지은 집과 반석 위에 지은 집(눅 6:47-49)

24 ○ "그러므로 내 말을 듣고 그대로 행하는 사람은, 반석 위에다 자기 집을 지은, 슬기로운 사람과 같다고 할 것이다. 25 비가

**예수님이 "율법학자들과는 달리, 권위 있게 가르치셨다"(29절)고 말하고 있습니다. 그 차이는 무엇을 말하는 것인가요?** 마태복음서에서는 이 표현이 순수하게 예수님의 설교에 대한 반응으로 나옵니다. 우선 이 반응은 예수님께서 가르치신 방식과 관계됩니다. 율법학자들이 전통에 기대 율법에 대한 설명을 제시했다면, 예수님께서는 "나는 여러분에게 말합니다" 하고 자신의 권위를 실어 말씀하셨습니다. 하나님의 말씀에 더욱 가까이 선 분으로서 말씀하신 것입니다. 물론 말씀의 권위는 말하는 이의 성품과 행동이 그 가르침과 일치하는 데서 나타납니다. 특히 산상 설교의 핵심이 위선의 위험에 대한 경고라면 더욱 그렇습니다. 그리고 이 말씀의 일관성은 그 말씀에 질병이나 폭풍까지도 순종하는 예수님의 능력으로 확인됩니다.

내리고, 홍수가 나고, 바람이 불어서, 그 집에 들이쳤지만, 무너지지 않았다. 그 집을 반석 위에 세웠기 때문이다. 26 그러나 나의 이 말을 듣고서도 그대로 행하지 않는 사람은, 모래 위에 자기 집을 지은, 어리석은 사람과 같다고 할 것이다. 27 비가 내리고, 홍수가 나고, 바람이 불어서, 그 집에 들이치니, 무너졌다. 그리고 그 무너짐이 엄청났다."

28 ○ 예수께서 이 말씀을 마치시니, 무리가 그의 가르침에 놀랐다. 29 예수께서는 그들의 율법학자들과는 달리, 권위 있게 가르치셨기 때문이다.

# { 제8장 }

## 나병 환자를 깨끗하게 하시다(막 1:40-45; 눅 5:12-16)

1 예수께서 산에서 내려오시니, 많은 무리가 그를 따라왔다. 2 나병 환자 한 사람이 예수께 다가와 그에게 절하면서 말하였다. "주님, 하고자 하시면, 나를 깨끗하게 해주실 수 있습니다." 3 예수께서 손을 내밀어서 그에게 대시고 "그렇게 해주마. 깨끗하게 되어라" 하고 말씀하시니, 곧 그의 나병이 나았다. 4 예수께서 그에게 말씀하시기를 "아무에게, 아무 말도 하지 말아라. 가서, 제사장에게 네 몸을 보이고, 모세가 명한 예물을 바쳐서, 사람들에게 증거로 삼도록 하여라" 하셨다.

## 백부장의 종을 고치시다(눅 7:1-10; 요 4:43-54)

5 ○ 예수께서 가버나움에 들어가시니, 한 백부장이 다가와서, 그에게 간청하여 6 말하였다. "주님, 내 종이 중풍으로 집

**왜 예수님은 당신이 만든 치유의 기적에 대해 함구하라고 했나요?** 흥미롭기도 하고 다소 당혹스럽기도 한 대목입니다. 그 이유에 대한 명확한 설명은 없지만, 정황을 통해 추측할 순 있습니다. 모든 일은 때가 있는 법이고, 이는 예수님의 사역도 마찬가지입니다. 복음서에 종종 등장하는 예수님의 '함구령'은 대중의 열광적인 반응으로 인해 고난당하는 메시아로서의 길이 방해받을 수 있다는 염려 때문인 것으로 보입니다. 대중은 예수님께서 복음을 선포해야 할 주 대상이면서, 그들 나름의 욕망 때문에 예수님의 길을 막는 주요 방해자이기도 합니다. 또 대중에게 예수님의 영향력이 커질수록 종교 지도자들의 적대감 역시 커집니다. 그래서 예수님께서는 때가 되기 전까지는 불필요한 대중적인 움직임을 피하시려 했을 것입니다.

에 누워서 몹시 괴로워하고 있습니다." 7 예수께서 그에게 말씀하셨다. "내가 가서 고쳐주마." 8 백부장이 대답하였다. "주님, 나는 주님을 내 집으로 모셔 들일 만한 자격이 없습니다. 그저 한마디 말씀만 해주십시오. 그러면 내 종이 나을 것입니다. 9 나도 상관을 모시는 사람이고, 내 밑에도 병사들이 있어서, 내가 이 사람더러 가라고 하면 가고, 저 사람더러 오라고 하면 옵니다. 또 내 종더러 이것을 하라고 하면 합니다." 10 예수께서 이 말을 들으시고, 놀랍게 여기셔서, 따라오는 사람들에게 말씀하셨다. "내가 진정으로 너희에게 말한다. 나는 지금까지 이스라엘 사람 가운데서 아무에게서도 이런 믿음을 본 일이 없다. 11 내가 너희에게 말한다. 많은 사람이 동과 서에서 와서, 하늘나라에서 아브라함과 이삭과 야곱과 함께 잔치 자리에 앉을 것이다. 12 그러나 이 나라의 시민들은 바깥 어두운 데로 쫓겨나서, 거기서 울며 이를 갈 것이다." 13 그리고 예수께서 백부장에게 "가거라. 네가 믿은 대로 될 것이다." 하고 말씀하셨다. 바로 그 시각에 그 종이 나았다.

**"이 나라의 시민들은 바깥 어두운 데로 쫓겨나서, 거기서 울며 이를 갈 것"(12절)이라는 말은 저주처럼 느껴집니다. 예수님이 그렇게 이야기한 이유와 의미가 궁금합니다.** '이 나라의 시민'은 장차 하나님 나라를 상속할 것이라는 기대를 가졌던 유대인을 말합니다. '바깥 어두운 곳'이나 '슬피 울며 이를 가는' 것은 모두 심판을 상징하는 이미지입니다. 반면 본문의 백부장은 로마 군대의 백인대장으로, 비유대인, 곧 '이방인'입니다. 그는 예수님께서 병을 다스릴 권세를 가지신 분임을 믿었고, 그 믿음에 기초한 그의 행동은 예수님을 놀라게 했습니다. 예수님께서는 이 이방인의 믿음과 '그 나라의 백성'을 자처하는 유대인들의 불신앙을 대조하며, 둘의 운명을 역전시키십니다. 아무리 이스라엘이라도 올바른 믿음이 없다면 기대했던 하나님 나라를 상속할 수 없을 것이며, 오히려 엄중한 심판에 처해질 것이라는 경고입니다.

## 많은 사람을 고치시다(막 1:29-34; 눅 4:38-41)

14 ○ 예수께서 베드로의 집에 들어가셔서, 그의 장모가 열병으로 앓아누운 것을 보셨다. 15 예수께서 그 여자의 손에 손을 대시니, 열병이 떠나가고, 그 여자는 일어나서, 예수께 시중을 들었다. 16 날이 저물었을 때에, 마을 사람들이 귀신 들린 사람을 많이 예수께로 데리고 왔다. 예수께서는 말씀으로 귀신을 쫓아내시고, 또 병자를 모두 고쳐주셨다. 17 이리하여 예언자 이사야를 시켜서 하신 말씀이 이루어졌다. "그는 몸소 우리의 병약함을 떠맡으시고, 우리의 질병을 짊어지셨다."

## 예수를 따르려면(눅 9:57-62)

18 ○ 예수께서, 무리가 자기 옆에 둘러 서 있는 것을 보시고, 제자들에게 건너편으로 가자고 말씀하셨다. 19 율법학자 한 사람이 다가와서 예수께 말하였다. "선생님, 나는 선생님이 가시는 곳이면, 어디든지 따라가겠습니다." 20 예수께서 그에게 말씀하

**"죽은 사람의 장례는 죽은 사람들이 치르게 두어라"(22절). 이 말씀의 의미는 무엇인가요?** 실제로 죽은 사람이 다른 이의 장례를 치를 수는 없으므로, 이 말씀은 일종의 언어유희입니다. 여기서 '죽은 자들'은 일상에 만족하며 천국의 요구에 응답하지 않는 사람들을 비유한 표현입니다. 천국이 가까이 왔습니다. 이럴 때 예수님의 제자가 되는 일은 일상의 모든 필요를 넘어서는 '급진적' 요구이며, 그러자면 많은 희생이 따릅니다. 부모의 장례는 자식의 당연한 의무이며, 예수님 또한 부모를 공경하라는 율법을 중요하게 여기셨습니다. 그러나 메시아 예수의 뒤를 따르려면 이러한 일상의 당연한 요구조차 지킬 수 없는 상황까지 각오해야 합니다. 이 제자 됨의 급진성이 본문의 핵심입니다.

셨다. "여우도 굴이 있고, 하늘을 나는 새도 보금자리가 있으나, 인자는 머리 둘 곳이 없다." 21 또 제자 가운데 한 사람이 말하였다. "주님, 내가 먼저 가서, 아버지의 장례를 치르도록 허락하여주십시오." 22 예수께서 그에게 말씀하셨다. "너는 나를 따라오너라. 죽은 사람의 장례는 죽은 사람들이 치르게 두어라."

## 풍랑을 잔잔하게 하시다(막 4:35-41; 눅 8:22-25)

23 ○ 예수께서 배에 오르시니, 제자들이 그를 따라갔다. 24 그런데 바다에 큰 풍랑이 일어나서, 배가 물결에 막 뒤덮일 위험에 빠지게 되었다. 그런데 예수께서는 주무시고 계셨다. 25 제자들이 다가가서 예수를 깨우고서 말하였다. "주님, 살려주십시오. 우리가 죽게 되었습니다." 26 예수께서 그들에게 "왜들 무서워하느냐? 믿음이 적은 사람들아!" 하고 말씀하시고 나서, 일어나 바람과 바다를 꾸짖으시니, 바다가 아주 잔잔해졌다. 27 사람들은 놀라서 말하였다. "이분이 누구이기에, 바람과 바다까지도 그에게 복종하는가?"

**병자를 고치고, 귀신을 쫓아내고, 풍랑마저 잔잔케 하는 예수님의 초능력은 어디서 온 것인가요?** 비범한 능력 자체가 예수님의 신성을 의미하지는 않습니다. 복음서에서 예수님은 처음부터 끝까지 하나님께 순종하며 하나님의 능력으로 하나님 나라가 이 땅에 임할 것임을 선포하는 분으로 그려집니다. 때로 예수님께서는 자신의 요청대로 능력을 보여주시는 하나님께 감사하며, 하나님의 성령을 힘입어 귀신을 쫓아낸다는 사실을 강조하시기도 합니다. 그러니까 예수님의 '초능력'은 하나님의 뜻에 대한 예수님의 절대적 순종, 그리고 예수님과 하나님의 특별한 관계를 드러냅니다. 곧 세상을 구원하시려는 하나님의 뜻을 실현할 '하나님의 아들'로서의 길입니다. 그리고 이 길은 세상을 위한 예수님의 희생적 죽음에서 절정에 이릅니다.

## 귀신 들린 두 사람을 고치시다(막 5:1-20; 눅 8:26-39)

28 ○ 예수께서 건너편 가다라 사람들의 지역에 가셨을 때에, 귀신 들린 사람 둘이 무덤 사이에서 나오다가, 예수와 마주쳤다. 그들은 너무나 사나워서, 아무도 그 길을 지나다닐 수 없었다. 29 그런데 그들이 외쳐 말하였다. "하나님의 아들이여, 당신이 우리와 무슨 상관이 있습니까? 때가 되기도 전에, 우리를 괴롭히려고 여기에 오셨습니까?" 30 마침 거기에서 멀리 떨어진 곳에, 놓아기르는 큰 돼지 떼가 있었다. 31 귀신들이 예수께 간청하였다. "우리를 쫓아내시려거든, 우리를 저 돼지들 속으로 들여보내 주십시오." 32 예수께서 "가라" 하고 명령하시니, 귀신들이 나와서 돼지들 속으로 들어갔다. 그 돼지 떼가 모두 바다 쪽으로 비탈을 내리달아서, 물속에 빠져 죽었다. 33 돼지를 치던 사람들이 도망가서, 읍내에 들어가, 이 모든 일과 귀신 들린 사람들에게 일어난 일을 알렸다. 34 온 읍내 사람들이 예수를 만나러 나왔다. 그들은 예수를 보고, 자기네 지역을 떠나달라고 간청하였다.

**중동 사람들은 돼지를 먹지 않는 것으로 알고 있습니다. 그런데 그들은 왜 돼지를 길렀나요?** 본문의 사건이 발생한 위치를 정확히 알기는 어렵지만, 이곳은 갈릴리 호수의 동쪽 곧 비유대인들이 많이 거주하고 로마의 영향이 상대적으로 컸던 데카폴리스(Decapolis, 새번역 성경은 데가볼리로 번역) 지역입니다. 당시 정황을 보면 대규모 돼지 사육은 토착 주민이 아니라 그곳에 주둔하는 로마 군대의 식량일 가능성이 큽니다. 유대인의 관점에서 보면 이 사건은 부정한 귀신이 부정한 짐승인 돼지에게로 들어가 몰사하고, 귀신에 지배되던 사람이 자유로워지는 이야기로 읽힙니다. 돼지 몰사가 야기하는 경제적 손실에 대한 현대인의 의문이나 로마 군대에 의도적으로 피해를 입힌 것이라는 '애국적'(?) 함의는 본문의 의도와 전혀 무관합니다.

## { 제9장 }

### 중풍병 환자를 고치시다(막 2:1-12; 눅 5:17-26)

1 예수께서 배에 오르셔서, 바다를 건너 자기 마을에 돌아오셨다. 2 사람들이 중풍병 환자 한 사람을, 침상에 누인 채로, 예수께로 날라왔다. 예수께서 그들의 믿음을 보시고, 중풍병 환자에게 말씀하셨다. "기운을 내라, 아이야. 네 죄가 용서받았다." 3 그런데 율법학자 몇이 '이 사람이 하나님을 모독하는구나' 하고 속으로 말하였다. 4 예수께서 그들의 생각을 아시고 말씀하셨다. "어찌하여 너희는 마음속에 악한 생각을 품고 있느냐? 5 '네 죄가 용서받았다' 하고 말하는 것과 '일어나서 걸어가거라' 하고 말하는 것 가운데서, 어느 쪽이 더 말하기가 쉬우냐? 6 그러나 인자가 땅에서 죄를 용서하는 권세를 가지고 있음을 너희들이 알게 하겠다." 그리고 예수께서 중풍병 환자에게 "일어나서, 네 침상을 거두어 가지고 집으로 가거라" 하시니, 7 그가 일어나서, 자기 집으로 돌아갔다. 8 무리가 이 일을

**예수님이 "네 죄가 용서받았다"(2절)라고 하자 율법학자들은 그것을 하나님에 대한 모독으로 받아들입니다. 왜 그런가요?** 죄는 하나님의 뜻에 반역하는 행위입니다. 그러니 이 죄를 용서할 수 있는 분은 오직 하나님뿐입니다. 제사장은 하나님으로부터 위임받은 권위를 행사하는 것일 뿐, 그가 아무 때나 사람의 죄를 용서할 수 있는 것은 아닙니다. 그런데 제사장이 아닌 예수님께서 성전도 아닌 곳에서 병자를 치유하며 죄 용서를 선언하셨습니다. 율법학자들의 입장에서 이러한 행위는 하나님에 대한 '월권' 곧 신성모독입니다. 예수님께서는 용서가 하나님의 전권임을 인정하면서, 자신 또한 하나님의 대리자로 이 땅에서 죄를 용서할 권리를 가졌다고 주장하십니다. 하나님의 아들로서 가진 특별한 정체성을 주장하신 것입니다.

보고서, 두려움에 사로잡히고, 이런 권한을 사람들에게 주신 하나님께 영광을 돌렸다.

## 마태를 부르시다(막 2:13–17; 눅 5:27–32)

9 ○ 예수께서 거기에서 떠나서 길을 가시다가, 마태라는 사람이 세관에 앉아 있는 것을 보시고 말씀하셨다. "나를 따라오너라." 그는 일어나서, 예수를 따라갔다.

10 ○ 예수께서 집에서 음식을 드시는데, 많은 세리와 죄인이 와서, 예수와 그 제자들과 자리를 같이하였다. 11 바리새파 사람들이 이것을 보고, 예수의 제자들에게 말하였다. "어찌하여 당신네 선생은 세리와 죄인과 어울려서 음식을 드시오?" 12 예수께서 그 말을 들으시고서 말씀하셨다. "건강한 사람에게는 의사가 필요하지 않으나, 병든 사람에게는 필요하다. 13 너희는 가서 '내가 바라는 것은 자비요, 희생제물이 아니다' 하신 말씀이 무슨 뜻인지 배워라. 나는 의인을 부르러 온 것이 아니라, 죄인을 부르러 왔다."

**세리는 왜 죄인과 같은 취급을 받았나요?** '세리와 죄인'이 하나의 숙어로 통용될 정도로 당시 유대 사회에서 세리는 죄인의 대명사였습니다. 로마제국의 식민지 정책의 핵심은 군사력을 앞세운 세금 징수였습니다. 그것은 파견 총독의 핵심 임무이기도 했습니다. 세금 징수는 입찰과 하도급제로 이루어집니다. 로마는 가장 높은 금액을 제시한 사람에게 징수권을 부여하고, 입찰에 성공한 이는 로마의 권력을 내세워 최대한 많은 세금을 걷어 자기 이익을 남깁니다. 이 업무에 고용된 사람이 세리입니다. 그러니까 로마에 붙어 동족의 고혈을 빨아먹는 매국노로, 일제강점기의 '일본놈 앞잡이'와 비슷합니다. 실제로 나쁜 사람이 많았지만, 예수님께서는 이들에게도 새로운 삶의 가능성을 열어주셨습니다.

## 금식 논쟁(막 2:18-22; 눅 5:33-39)

14 ○ 그때에 요한의 제자들이 예수께 와서 물었다. "우리와 바리새파 사람은 자주 금식을 하는데, 왜 선생님의 제자들은 금식을 하지 않습니까?" 15 예수께서 그들에게 말씀하셨다. "혼인 잔치의 손님들이 신랑이 자기들과 함께 있는 동안에 슬퍼할 수 있느냐? 그러나 신랑을 빼앗길 날이 올 터이니, 그때에는 그들이 금식할 것이다. 16 생베 조각을 낡은 옷에다 대고 깁는 사람은 없다. 그렇게 하면, 새로 댄 조각이 그 옷을 당겨서, 더욱더 크게 찢어진다. 17 새 포도주를 낡은 가죽부대에 담는 사람은 없다. 그렇게 하면, 가죽부대가 터져서, 포도주는 쏟아지고, 가죽부대는 못 쓰게 된다. 새 포도주는 새 가죽부대에 담아야 둘 다 보존된다."

## 어느 지도자의 딸과 혈루증에 걸린 여자(막 5:21-43; 눅 8:40-56)

18 ○ 예수께서 이 말씀을 하실 때에, 지도자 한 사람이 와서,

**금식은 당시 종교인들에게 중요한 훈련 과정이었나요? 그들은 보통 어떤 금식을 했나요?** 유대인들에게 금식은 하나님을 향한 신앙의 표현이었습니다. 율법에서 명령한 대속죄일의 금식(레 16:34; 민 29:7-11)은 예수님께서도 지키셨습니다. 본문에서 문제가 된 것은 경건한 유대인들이 일주일에 두 번씩 금식하던 관습입니다(눅 18:12). 율법에는 없는 이 관습을 바리새인과 세례자 요한의 제자들은 성실히 지킨 반면, 예수님의 제자들은 그렇지 않았습니다. 요한의 제자들은 이 점을 비판한 것입니다. 그러나 예수님께서는 제자들을 옹호하셨습니다. 금식은 슬픔과 참회의 의식이기에, 메시아와 함께하는 기쁨의 상황과는 어울리지 않았기 때문입니다. 물론 이 이야기가 '금식 폐지'라는 원리를 제시하는 것은 아니라는 사실을 기억해야 합니다.

예수께 무릎을 꿇고 말하였다. "내 딸이 방금 죽었습니다. 그러나 오셔서, 그 아이에게 손을 얹어주십시오. 그러면 살아날 것입니다." 19 예수께서 일어나서 그를 따라가셨고, 제자들도 뒤따라갔다. 20 그런데 열두 해 동안 **혈루증**으로 앓는 여자가 뒤에서 예수께로 다가와서, 예수의 옷술에 손을 대었다. 21 그 여자는 속으로 말하기를 "내가 그의 옷에 손을 대기만 하여도 나을 텐데!" 했던 것이다. 22 예수께서 돌아서서, 그 여자를 보시고 말씀하셨다. "기운을 내어라, 딸아. 네 믿음이 너를 구원하였다." 바로 그때에 그 여자가 나았다.

23 ○ 예수께서 그 지도자의 집에 이르러서, 피리를 부는 사람들과 떠드는 무리를 보시고, 24 이렇게 말씀하셨다. "모두 물러가거라. 그 소녀는 죽은 것이 아니라, 자고 있다." 그들은 예수를 비웃었다. 25 무리를 내보낸 다음에, 예수께서 들어가셔서, 그 소녀의 손을 잡으시니, 그 소녀가 벌떡 일어났다. 26 이 소문이 그 온 땅에 퍼졌다.

**혈루증을 앓은 여자가 치유를 받은 것은 예수님의 옷에도 통했던 능력 때문인가요, 아니면 예수님의 말씀대로 그 여자의 믿음이 병의 치유를 가져온 건가요?** 율법에 의해 부정하다 규정된 여인이 예수님의 옷자락을 만진 것은 예수님께서 자신을 치유하실 수 있다는 믿음의 표현입니다. 옷자락 자체에 어떤 마법의 능력이 있었던 것이 아니라 이 믿음이 치유의 열쇠였습니다. 그래서 예수님께서 부정해지는 대신, 여인이 깨끗하게 되었습니다. 대개 예수님의 말씀으로 치유가 이루어지지만, 치유의 구체적인 정황은 달라질 수 있습니다. 병자가 그 자리에 없어도 상관없습니다. 때로는 손이나 침이 사용되기도 합니다. 그러나 치유의 통로는 이런 가변적인 몸짓이 아니라 예수님의 능력이며, 그 능력에 대한 사람의 믿음입니다. 참고로 이 본문은 마태복음서에서 믿음이 치유의 열쇠임을 가장 선명하게 제시하는 구절입니다.

+**혈루증** : 단어 자체는 '출혈'(出血)을 뜻한다. 여인의 경우 하혈을 동반한 질병을 두루 가리키는데, 아마도 자궁 내 이상으로 인한 출혈일 가능성이 많다.

## 눈먼 두 사람이 고침을 받다

27 ○ 예수께서 거기에서 떠나가시는데, 눈먼 사람 둘이 "다윗의 자손이여, 우리를 불쌍히 여겨주십시오" 하고 외치면서 예수를 뒤따라왔다. 28 예수께서 집 안으로 들어가셨는데, 그 눈먼 사람들이 그에게 나아왔다. 예수께서 그들에게 말씀하셨다. "너희는 내가 이 일을 할 수 있다고 믿느냐?" 그들이 "예, 주님!" 하고 대답하였다. 29 예수께서 그들의 눈에 손을 대시고 말씀하셨다. "너희 믿음대로 되어라." 30 그러자 그들의 눈이 열렸다. 예수께서 그들에게 엄중히 다짐하셨다. "이 일을 아무에게도 알리지 말아라." 31 그러나 그들은 나가서, 예수의 소문을 그 온 지역에 퍼뜨렸다.

## 말 못 하는 사람을 고치시다

32 ○ 그들이 떠나간 뒤에, 귀신이 들려 말 못 하는 한 사람을

**예수님이 아픈 사람들을 낫게 해주실 때마다 믿음, 구원 같은 단어들이 등장합니다. 믿음이나 구원은 병이 낫는 것과 어떤 상관이 있나요?** 믿음은 치유의 핵심 요건입니다. 예수님의 능력이 치유의 근원이지만, 치유를 필요로 하는 사람의 태도 역시 그만큼 중요합니다. 치유가 예수님과의 관계 안에서 이루어진다는 사실을 보여주는 것입니다. '구원'은 문맥에 따라 다양한 의미로 사용되는 일반적인 단어입니다. 여기서는 일차적으로 질병으로부터의 구원, 곧 질병의 치유를 의미합니다. 그러나 질병은 때로 죄와 관련되기도 하고, 치유가 용서와 연결되기도 합니다. 또 같은 단어가 죽음과 죄에서 건져낸다는 신학적 의미의 구원을 가리키는 말로 나란히 사용됩니다. 그런 점에서 복음서에 실려 있는 질병 치유의 이야기들은 보다 근원적인 치유, 곧 죄로부터의 치유와 구원을 바라보게 하는 하나의 상징이기도 합니다.

사람들이 예수께 데리고 왔다. 33 귀신이 쫓겨나니, 말 못 하는 그 사람이 말을 하게 되었다. 무리가 놀라서 말하였다. "이런 것은 이스라엘에서 처음 보는 일이다." 34 그러나 바리새파 사람들은 "그는 귀신의 두목의 힘을 빌려서 귀신을 쫓아낸다" 하고 말하였다.

## 목자 없는 양

35 ○ 예수께서는 모든 도시와 마을을 두루 다니시면서, 유대 사람의 여러 회당에서 가르치며, 하늘나라의 복음을 선포하며, 온갖 질병과 온갖 아픔을 고쳐주셨다. 36 예수께서 무리를 보시고, 그들을 불쌍히 여기셨다. 그들은 마치 목자 없는 양과 같이, 고생에 지쳐서 기운이 빠져 있었기 때문이다. 37 그래서 제자들에게 말씀하셨다. "추수할 것은 많은데, 일꾼이 적다. 38 그러므로 너희는 추수하는 주인에게 일꾼들을 그의 추수밭으로 보내시라고 청하여라."

**예수님의 주요 활동 무대였던 회당은 어떤 공간인가요?** 예루살렘에는 성전이 있지만, 다른 지역에서는 회당이 유대인의 삶의 중심이었습니다. 회당은 하나님을 예배하는 공간이자 율법을 가르치고 배우는 교육기관이었고, 더 나아가 삶 전반에 걸쳐 유대인 공동체를 하나로 묶는 토대이기도 했습니다. 물론 가장 중요한 것은 매주 안식일마다 드린 회당의 예배입니다. 여기에는 율법과 선지서와 같은 말씀을 읽는 시간, 그리고 그 말씀에 관해 가르치는 시간이 포함됩니다. 예수님께서도 이 시간을 활용해 하나님 나라와 메시아로서 자신의 임무를 가르치셨고, 이는 대중의 열렬한 호응과 격한 반감을 오가는 다양한 반응으로 이어지곤 했습니다.

# { 제10장 }

## 예수의 열두 제자(막 3:13–19; 눅 6:12–16)

1 예수께서 열두 제자를 부르셔서, 더러운 귀신을 제어하는 권능을 주시고, 그들이 더러운 귀신을 쫓아내고 온갖 질병과 온갖 허약함을 고치게 하셨다. 2 열두 사도의 이름은 이러하다. 첫째로 베드로라고 부르는 시몬과, 그의 동생 안드레와 세베대의 아들 야고보와 그의 동생 요한과 3 빌립과 바돌로매와 도마와 세리 마태와 알패오의 아들 야고보와 다대오와 4 열혈당원 시몬과 예수를 넘겨준 가룟 사람 유다이다.

## 열두 제자의 전도(막 6:7–13; 눅 9:1–6)

5 ○ 예수께서 이들 열둘을 내보내실 때에, 그들에게 이렇게 명하셨다. "이방 사람의 길로도 가지 말고, 또 사마리아 사람의

예수님의 열두 제자 중에는 직업이 분명하게 나온 사람도 있고, 제자로 부르는 장면이 언급된 경우도 있습니다. 다른 제자들은 어떤 인물이었는지 궁금합니다. 복음서에 언급되지 않은 경우는 달리 알 도리가 없고, 후대의 전승들은 역사적 신빙성이 떨어집니다. 실제 성경에 나오는 설명은 갈릴리 호수에서 원래 어부였던 두 집안의 형제들을 부르시는 이야기가 전부입니다(4:18–22). 마태복음서에는 원래 세리였던 마태를 제자로 부르시는 이야기가 그려지는데(9:9–13), 마태보다는 죄인을 부르시는 예수님의 남다른 행보가 더 두드러집니다. 시몬이 속했던 '열혈당'(Zealots)은 무력을 사용해서라도 로마를 몰아내고 이스라엘을 되찾아야 한다고 믿었던 그룹입니다. 당연한 일이지만, 예루살렘에서 예수님과 그분의 제자들은 모두 '갈릴리 사람들'로 인식되었습니다.

고을에도 들어가지 말아라. 6 오히려 길 잃은 양 떼인 이스라엘 백성에게로 가거라. 7 다니면서 '하늘나라가 가까이 왔다'고 선포하여라. 8 앓는 사람을 고쳐주며, 죽은 사람을 살리며, 나병 환자를 깨끗하게 하며, 귀신을 쫓아내어라. 거저 받았으니, 거저 주어라. 9 전대에 금화도 은화도 동전도 넣어 가지고 다니지 말아라. 10 여행용 자루도, 속옷 두 벌도, 신도, 지팡이도, 지니지 말아라. 일꾼이 자기 먹을 것을 얻는 것은 마땅하다. 11 아무 고을이나 아무 마을에 들어가든지, 거기서 마땅한 사람을 찾아내서, 그곳을 떠날 때까지 거기에 머물러 있어라. 12 너희가 그 집에 들어갈 때에, 평화를 빈다고 인사하여라. 13 그래서 그 집이 평화를 누리기에 알맞으면, 너희가 비는 평화가 그 집에 있게 하고, 알맞지 않으면 그 평화가 너희에게 되돌아오게 하여라. 14 누구든지 너희를 영접하지 않거나 너희의 말을 듣지 않거든, 그 집이나 그 고을을 떠날 때에, 너희 발에 묻은 먼지를 떨어버려라. 15 내가 진정으로 너희에게 말한다. 심판 날에는 소돔과 고모라 땅이 그 고을보다는 견디기가 쉬울 것이다."

**제자들을 내보낼 때 예수님이 그들에게 준 명령(7-8절)은 예수님이 한 일과 비슷합니다. 그 일은 당시에 가장 중요한 일이었나요?** 유대 사회에서 랍비의 제자들은 스승과 함께하면서 그의 행동과 가르침을 본받고, 올바른 길을 배웁니다. 예수님의 제자들도 예수님과 동행하며 그분의 역할을 함께했습니다. 예수님의 이름을 내걸고 스승의 활동에 동참한 것입니다. 이러한 활동이 가능하도록 예수님께서는 제자들에게 권위(Authority)를 주셨습니다(1절). 세례자 요한은 심판을 경고하며 회개를 촉구했습니다. 예수님께서는 한 걸음 더 나아가 천국을 위한 치유와 회복에 힘쓰셨습니다. 제자들 역시 말과 치유 활동으로 천국 복음을 선포하는 일에 동참했으며, 예수님의 고난에도 동참합니다. 하지만 예수님께는 메시아라는 제자들이 함께할 수 없는 독특한 역할이 있습니다. 바로 이 지점에서는 그분의 제자들마저 예수님을 이해하지 못했던 낯선 대중과 비슷한 태도를 보입니다.

## 박해를 받을 것이다(막 13:9-13; 눅 21:12-17)

16 ○ "보아라, 내가 너희를 내보내는 것이, 마치 양을 이리 떼 가운데로 보내는 것과 같다. 그러므로 너희는 뱀과 같이 슬기롭고, 비둘기와 같이 순진해져라. 17 사람들을 조심하여라. 그들이 너희를 법정에 넘겨주고, 그들의 회당에서 매질을 할 것이다. 18 또 너희는 나 때문에, 총독들과 임금들 앞에 끌려 나가서, 그들과 이방 사람 앞에서 증언할 것이다. 19 사람들이 너희를 관가에 넘겨줄 때에, 어떻게 말할까, 또는 무엇을 말할까, 하고 걱정하지 말아라. 너희가 무슨 말을 해야 할지, 그때에 지시를 받을 것이다. 20 말하는 이는 너희가 아니라, 너희 안에서 말씀하시는 아버지의 영이시다. 21 형제가 형제를 죽음에 넘겨주고, 아버지가 자식을 또한 그렇게 하고, 자식이 부모를 거슬러 일어나서 부모를 죽일 것이다. 22 너희는 내 이름 때문에 모든 사람에게서 미움을 받을 것이다. 그러나 끝까지 견디는 사람은 구원을 얻을 것이다. 23 이 고을에서 너희를 박해하거든, 저 고을로 피하여라. 내가 진정으로

**형제가 형제를, 그리고 부모와 자식이 서로를 죽일 거라고 합니다(21절). 이런 이야기가 의미하는 바는 무엇인가요?** 천국의 도래는 일상을 뒤흔듭니다. 애정으로 엮인 관계도 마찬가지입니다. 한 가족이지만, 천국의 약속과 요구 앞에서 각자의 선택은 갈라집니다. 상황이 긴박할수록 이런 결별과 파탄의 시나리오는 늘어나고, 또 그만큼 심각해집니다. 부모와 자식이 서로를 죽이는 비극은 그런 갈등의 가장 극단적인 형태입니다. 일상에서 나타나는 생각의 차이와 갈등은 인간적인 애정이나 다른 수단으로 해소되기도 하고, 무마되곤 합니다. 그러나 하나님의 통치라는 급진적인 요구 앞에서는 이런 방편이 통하지 않습니다. 곧 갈등의 가장 극단적인 사례를 들어 일상의 요구를 초월하는 하나님 나라의 급진성을 가르치는 것입니다.

너희에게 말한다. 너희가 이스라엘의 고을들을 다 돌기 전에 인자가 올 것이다.
24 ○ 제자가 스승보다 높지 않고, 종이 주인보다 높지 않다. 25 제자가 제 스승만큼 되고, 종이 제 주인만큼 되면, 충분하다. 그들이 집주인을 바알세불이라고 불렀거든, 하물며 그 집 사람들에게야 얼마나 더 심하겠느냐!"

## **마땅히 두려워하여야 할 분을 두려워하여라**(눅 12:2-7)

26 ○ "그러므로 너희는 그들을 두려워하지 말아라. 덮어둔 것이라고 해도 벗겨지지 않을 것이 없고, 숨긴 것이라 해도 알려지지 않을 것이 없다. 27 내가 너희에게 어두운 데서 말하는 것을, 너희는 밝은 데서 말하여라. 너희가 귓속말로 듣는 것을, 지붕 위에서 외쳐라. 28 그리고 몸은 죽일지라도 영혼은 죽이지 못하는 이를 두려워하지 말고, 영혼도 몸도 둘 다 지옥에 던져서 멸망시킬 수 있는 분을 두려워하여라. 29 참새 두 마리가 한 냥에 팔리지 않느냐? 그러나 그 가운데서 하나라도 너희 아버

**29-30절에 '아버지'라는 단어가 나옵니다. 하나님을 아버지라고 부르기도 하나요?**
예수님께서는 하나님을 "나의 아버지"라 부르셨고, 제자들에게도 "우리 아버지"로 부르도록 가르치셨습니다. 유대인들에게도 하나님은 아버지였지만, 직접 "아버지!"라 부르는 예수님의 모습은 독특합니다. 당시 사회에서 아버지는 선명한 권위와 친밀한 애정을 함께 가진 존재입니다. 본문에서처럼 예수님께서는 자녀들을 향한 하나님의 친밀하고 세심한 돌보심을 강조하며, 그 하나님의 사랑을 신뢰하도록 가르치십니다. 동시에 우리 아버지는 '하늘에 계신' 분, 곧 범접할 수 없는 권위를 가진 분이십니다. 지극히 선하신 분, 친밀한 사랑으로 다가오시지만 하늘에 계신 우리 아버지가 바로 우리의 하나님입니다.

지께서 허락하지 않으시면, 땅에 떨어지지 않을 것이다. 30 아버지께서는 너희의 머리카락까지도 다 세어놓고 계신다. 31 그러니 두려워하지 말아라. 너희는 많은 참새보다 더 귀하다."

## 사람 앞에서 그리스도를 안다고 하면(눅 12:8–9)

32 ○ "누구든지 사람들 앞에서 나를 시인하면, 나도 하늘에 계신 내 아버지 앞에서 그 사람을 시인할 것이다. 33 그러나 누구든지 사람들 앞에서 나를 부인하면, 나도 하늘에 계신 내 아버지 앞에서 그 사람을 부인할 것이다."

## 칼을 주려고 왔다(눅 12:51–53; 14:26–27)

34 ○ "너희는 내가 세상에 평화를 주려고 온 줄로 생각하지 말아라. 평화가 아니라 칼을 주려고 왔다. 35 나는, 사람이 자기 아버지와 맞서게 하고, 딸이 자기 어머니와 맞서게 하고, 며느리가 자기 시어머니와 맞서게 하려고 왔다. 36 사람의 원수

**37–39절에는 '적합하지 않다'는 표현이 있습니다. 그것은 무슨 의미인가요?** '적합하지 않다'는 말은 무언가를 할 '자격이 없다'는 뜻입니다. 그러니까 "내게 적합하지 않다"는 것은 "나의 제자가 될 자격이 없다"는 의미입니다. 궁극적으로는 심판의 자리에서 예수님의 사람으로 인정받을 자격이 안 된다는 말이기도 합니다(33절). 예수님의 제자이자 사람으로 인정받을 자격이 안 되는 이유는 예수님을 따르는 데 수반되는 희생을 감수할 의사가 없기 때문입니다. 천국의 급진적인 부름, 곧 예수님의 뒤를 따르라는 요구는 일상의 관계를 넘어섭니다. 가족도 예외가 아닙니다. 심지어 '자신의 십자가를 지는' 일, 곧 자신의 목숨까지도 내어놓는 근본적인 결단이기 때문입니다. 역설적으로 예수님을 위한 이와 같은 죽음의 결단이 참 생명을 얻는 길입니다(39절).

가 자기 집안 식구일 것이다. 37 나보다 아버지나 어머니를 더 사랑하는 사람은 내게 적합하지 않고, 나보다 아들이나 딸을 더 사랑하는 사람도 내게 적합하지 않다. 38 또 자기 십자가를 지고 나를 따르지 않는 사람도 내게 적합하지 않다. 39 자기 목숨을 얻으려는 사람은 목숨을 잃을 것이요, 나를 위하여 자기 목숨을 잃는 사람은 목숨을 얻을 것이다."

## 보상에 대한 말씀(막 9:41)

40 ○ "너희를 맞아들이는 사람은 나를 맞아들이는 것이요, 나를 맞아들이는 사람은 나를 보내신 분을 맞아들이는 것이다. 41 예언자를 예언자로 맞아들이는 사람은, 예언자가 받을 상을 받을 것이요, 의인을 의인이라고 해서 맞아들이는 사람은, 의인이 받을 상을 받을 것이다. 42 내가 진정으로 너희에게 말한다. 이 작은 사람들 가운데 하나에게, 내 제자라고 해서 냉수 한 그릇이라도 주는 사람은, 절대로 자기가 받을 상을 잃지 않을 것이다."

## { 제11장 }

1 예수께서 열두 제자에게 지시하기를 마치고, 거기에서 떠나셔서, 유대 사람들의 여러 고을에서 가르치며 복음을 전하셨다.

### 세례자 요한이 보낸 사람들(눅 7:18–35)

2 ○ 그런데 요한은, 그리스도께서 하신 일들을 감옥에서 전해 듣고, 자기의 제자들을 예수께 보내어, 3 물어보게 하였다. "오실 그분이 당신이십니까? 그렇지 않으면, 우리가 다른 분을 기다려야 합니까?" 4 예수께서 그들에게 대답하셨다. "가서, 너희가 듣고 본 것을 요한에게 알려라. 5 눈먼 사람이 보고, 다리 저는 사람이 걸으며, 나병 환자가 깨끗하게 되며, 듣지 못하는 사람이 들으며, 죽은 사람이 살아나며, 가난한 사람이 복음을 듣는다. 6 나에게 걸려 넘어지지 않는 사람은 복이 있다."

7 ○ 이들이 떠나갈 때에, 예수께서 무리에게 요한을 두고 말씀하셨다. "너희는 무엇을 보러 광야에 나갔더냐? 바람에 흔들리

**요한은 예수님이 누구인지 정말 알지 못했나요?** 예수님이 '오실 메시아'인 것은 이미 알고 있었지만, 예수님의 실제 행보는 요한의 예상 밖이었습니다. 요한은 하나님 나라를 심판으로 이해했고, '오실 분'인 예수님을 이 심판의 수행자로 보았습니다. 그런데 예수님께서는 심판자가 아닌 치유자의 모습입니다. 그래서 요한은 제자들을 보내 설명을 듣고자 했습니다. 요한의 제자들에게 예수님께서는 자신의 치유 활동을 부각시키며 이스라엘의 회복을 예고한 (구약)성경의 약속을 상기시키십니다. 곧 자신의 천국 선포와 치유 활동이 이 땅에 천국을 오게 하는 진정한 길임을 보여주며 요한의 오해를 바로잡으십니다. 요한은 예수님께서 인정한 '구세대' 최고의 예언자이지만, 도래할 천국은 그에게도 낯선 면이 있었습니다.

는 갈대냐? 8 아니면, 무엇을 보러 나갔더냐? 화려한 옷을 입은 사람이냐? 화려한 옷을 입은 사람은 왕궁에 있다. 9 아니면, 무엇을 보러 나갔더냐? 예언자를 보려고 나갔더냐? 그렇다. 내가 너희에게 말한다. 그렇다. 그는 예언자보다 더 훌륭한 사람이다. 이 사람을 두고 성경에 기록하기를, 10 '보아라, 내가 내 심부름꾼을 너보다 앞서 보낸다. 그가 네 앞에서 네 길을 닦을 것이다' 하였다. 11 내가 진정으로 너희에게 말한다. 여자가 낳은 사람 가운데서 세례자 요한보다 더 큰 인물은 없었다. 그런데 하늘나라에서는 아무리 작은 이라도 요한보다 더 크다. 12 세례자 요한 때로부터 지금까지, 하늘나라는 힘을 떨치고 있다. 그리고 힘을 쓰는 사람들이 그것을 차지한다. 13 모든 예언자와 율법서는, 요한에 이르기까지, 하늘나라가 올 것을 예언하였다. 14 너희가 그 예언을 기꺼이 받아들이려고 하면, 요한, 바로 그 사람이 오기로 되어 있는 엘리야이다. 15 들을 귀가 있는 사람은 들어라."

16 ○ "이 세대를 무엇에 비길까? 마치 아이들이 장터에 앉아서, 다른 아이들에게 이렇게 말하는 것과 같다. 17 '우리가 너

**요한의 질문에 대한 예수님의 설명은 긍정인가요, 부정인가요? "나에게 걸려 넘어지지 않는 사람은 복이 있다"(6절)는 말은 또 어떤 의미인가요?** 당연히 "예스!"입니다. 하지만 설명이 필요합니다. 갑자기 투옥된 요한은 기대했던 심판이 지연되는 상황이 당혹스러웠습니다. 그래서 예수님께서는 자신의 치유 활동을 구체적으로 열거하면서 이를 성경의 약속과 연결하십니다. 요한에게는 심판하지 않는 메시아가 '걸려 넘어질' 이유가 될 수 있지만, 예수님께서는 그동안의 치유 활동이 다가올 천국의 참 모습임을 강조함으로써 요한의 '의심'을 해소하고자 하신 것입니다. 그것은 일차적으로 요한에게 주는 메시지지만, 그와 비슷한 생각을 가진 모든 이들을 향한 '해명'이기도 합니다.

희에게 피리를 불어도 너희는 춤을 추지 않았고, 우리가 곡을 해도, 너희는 울지 않았다.' 18 요한이 와서, 먹지도 않고 마시지도 않았다. 그러니까 사람들이 말하기를, '그는 귀신이 들렸다' 하고, 19 인자는 와서, 먹기도 하고 마시기도 하니, 그들이 말하기를 '보아라, 저 사람은 마구 먹어대는 자요, 포도주를 마시는 자요, 세리와 죄인의 친구다' 한다. 그러나 지혜는 그 한 일로 옳다는 것이 입증되었다."

## 회개하지 않는 도시에 화가 있다(눅 10:13-15)

20 ○ 그때에 예수께서는, 자기가 기적을 많이 행한 마을들이 회개하지 않으므로, 꾸짖기 시작하셨다. 21 "고라신아, 너에게 화가 있다. 벳새다야, 너에게 화가 있다. 너희 마을들에서 행한 기적들을 두로와 시돈에서 행했더라면, 그들은 벌써 굵은 베옷을 입고, 재를 쓰고서, 회개하였을 것이다. 22 나는 너희에게 말한다. 심판 날에 두로와 시돈이 너희보다 견디기 쉬울 것이다. 23 화가 있다. 너 가버나움아, 네가 하늘에까지 치솟을 셈이냐? 지옥에까지 떨

예수님은 요한과 자신을 대하는 이 세대의 이중적 태도를 비유로 말하며 꼬집어 비판합니다. 사람들은 정말 요한도, 예수님도 알아보지 못했나요? 현재의 안정된 자리를 지키고 싶은 우리는 안정을 위협하는 메시지에 경계와 의혹의 눈길을 보냅니다. 요한의 금욕적 행동과 급진적 회개의 메시지가 싫었던 사람들은 그의 행동을 '귀신이 들린' 것으로 규정합니다. 반면 예수님께서는 '먹고 마시며' 사회적 차별의 경계를 넘어 하나님의 통치를 선포하십니다. 그러나 이 역시 안정된 일상에 위협이 되기는 마찬가지입니다. 그래서 사람들은 예수님에게 '식탐꾼이자 술꾼', '세리와 죄인의 친구'라는 도덕적, 종교적 표식을 달아 배척했습니다. 요한과 예수님이 세상에 불온한 존재가 되는 것은 불안이 더 깊은 원인일 것입니다.

어질 것이다. 너 가버나움에서 행한 기적들을 소돔에서 행했더라면, 그는 오늘까지 남아 있을 것이다. 24 나는 너희에게 말한다. 심판 날에 소돔 땅이 너보다 견디기 쉬울 것이다."

## 나에게로 와서 쉬어라(눅 10:21-22)

25 ○ 그때에 예수께서 이렇게 말씀하셨다. "하늘과 땅의 주님이신 아버지, 이 일을 지혜 있고 똑똑한 사람들에게는 감추시고, 어린아이들에게는 드러내어 주셨으니, 감사합니다. 26 그렇습니다. 아버지, 이것이 아버지의 은혜로운 뜻입니다. 27 내 아버지께서 모든 것을 내게 맡겨주셨습니다. 아버지밖에는 아들을 아는 이가 없으며, 아들과 또 아들이 계시하여주려고 하는 사람밖에는 아버지를 아는 이가 없습니다."

28 ○ "수고하며 무거운 짐을 진 사람은 모두 내게로 오너라. 내가 너희를 쉬게 하겠다. 29 나는 마음이 온유하고 겸손하니, 내 멍에를 메고 나한테 배워라. 그리하면 너희는 마음에 쉼을 얻을 것이다. 30 내 멍에는 편하고, 내 짐은 가볍다."

**예수님은 회개하지 않는 도시 이름을 거명하며 꾸짖고 저주합니다. 그 마을들의 문제가 그렇게 심각했나요?** 마음이 청결하다면 예수님을 통해 드러나는 하나님의 능력을 환영했을 것입니다. 하지만 더 많은 기적을 경험한 마을일수록 회개는커녕 오히려 예수님을 배척했습니다. 본분에 거론된 두 지역은 갈릴리 호수의 북쪽에 있는 가버나움 근처의 마을들로, 예수님께서 주로 활동하시던 곳 중 하나였을 것입니다. 이들의 불신앙에 대한 심판은 그들이 경험한 하나님의 능력만큼이나 클 것입니다. 하나님의 능력을 그들만큼 경험하지 못한 두로나 시돈이 당할 심판보다 더 큰 심판을 받을 거라는 이야기입니다. 지중해 연안에 위치한 이 두 도시는 이스라엘과 적대 관계일 때가 많았습니다.

## { 제12장 }

### 안식일에 예수의 제자들이 밀 이삭을 잘라먹다

(막 2:23-28; 눅 6:1-5)

1 그 무렵에 예수께서 안식일에 밀밭 사이로 지나가셨다. 그런데 제자들이 배가 고파서, 밀 이삭을 잘라서 먹기 시작하였다. 2 바리새파 사람이 이것을 보고 예수께 말하였다. "보십시오. 당신의 제자들이 안식일에 해서는 안 되는 일을 하고 있습니다." 3 예수께서 그들에게 말씀하셨다. "다윗과 그 일행이 굶주렸을 때에, 다윗이 어떻게 했는지를, 너희는 읽어보지 못하였느냐? 4 다윗이 하나님의 집에 들어가서, 제단에 차려놓은 빵을 먹지 않았느냐? 그것은 오직 제사장들밖에는, 자기도 그 일행도 먹어서는 안 되는 것이었는데 말이다. 5 또 안식일에 성전에서 제사장들이 안식일을 범해도 그것이 죄가 되지 않는다는 것을, 율법책에서 읽어보지 못하였느냐? 6 내가 너희에게 말한다. 성전보다 더 큰 이가 여기에 있다. 7 '나는 자비를 원하

**다윗과 그 일행의 이야기는 무엇인가요?** 구약성경에서 다윗은 사울에 이어 이스라엘의 왕이 되는 인물입니다. 사울을 피해 도망하던 다윗과 그의 부하들은 허기가 졌을 때 제사장 아히멜렉에게 빵 다섯 덩이를 부탁했습니다. 그러나 달리 줄 것이 없었던 제사장은 다윗의 부하들이 정결한 상태임을 확인한 후, 성전에 올렸던 거룩한 '제단 빵'을 제공했습니다. 율법 규정에서 이 빵은 제사장만 먹을 수 있지만, 다윗 무리의 다급한 상황을 고려해 제사장이 융통성을 발휘한 것입니다. 예수님께서는 "하나님께서는 제사보다 자비를 더 바라신다"는 사실을 보여주는 성경적 근거의 하나로 이 사건을 언급하셨습니다. 안식일 계명도 자비의 원리를 따라 준수하는 것이 옳습니다. 다윗의 경우에도 그랬다면, '안식일의 주인'이신 예수님의 경우는 더욱 그럴 것입니다.

고, 제사를 원하지 않는다' 하신 말씀이 무슨 뜻인지 알았더라면, 너희가 죄 없는 사람들을 정죄하지 않았을 것이다. 8 인자는 안식일의 주인이다."

## 손이 오그라든 사람을 고치시다(막 3:1-6; 눅 6:6-11)

9 ○ 예수께서 그곳을 떠나서, 그들의 회당에 들어가셨다. 10 그런데 거기에 한쪽 손이 오그라든 사람이 있었다. 사람들은 예수를 고발하려고 "안식일에 병을 고쳐도 괜찮습니까?" 하고 예수께 물었다. 11 예수께서 그들에게 말씀하셨다. "너희 가운데 어떤 사람에게 양 한 마리가 있다고 하자. 그것이 안식일에 구덩이에 빠지면, 그것을 잡아 끌어올리지 않을 사람이 어디에 있겠느냐? 12 사람이 양보다 얼마나 더 귀하냐? 그러므로 안식일에 좋은 일을 하는 것은 괜찮다." 13 그런 다음에, 손이 오그라든 사람에게 말씀하셨다. "네 손을 내밀어라." 그가 손을 내미니, 다른 손과 같이 성하게 되었다. 14 그래서 바리새파 사람들은 밖으로 나가서, 예수를 없앨 모의를 하였다.

**이스라엘에서는 안식일에 해서는 안 되는 일을 하는 것이 명백한 고발 사유가 되나요?** 율법이 이스라엘의 헌법으로 기능하던 시절에는 분명한 율법 규정을 어겼을 경우 정해진 법에 따라 처벌을 받았습니다. 로마의 식민지가 된 이후엔 많은 것이 달라졌지만, 유대인의 율법과 관련된 사안들은 여전히 대제사장의 통제를 받았고, 그에 따라 다양한 수준의 처벌이 시행되었습니다. 하지만 안식일에 밀 이삭을 잘라먹는 행동처럼 법적 제재보다는 신학적으로나 신앙적으로 비판의 대상이 되는 경우도 많습니다. 물론 종교적 권위를 갖고 활동하는 이들에게는 이런 비판이 법적 제재만큼이나 치명적입니다. 나중에 종교 지도자들은 종교적 사안이 아니라 정치적 혐의를 씌워 예수님을 처형하려 했습니다.

## 내가 뽑은 나의 종

15 ○ 그러나 예수께서 이 일을 아시고서, 거기에서 떠나셨다. 그런데 많은 무리가 예수를 따라왔다. 예수께서는 그들을 모두 고쳐주셨다. 16 그리고 자기를 세상에 드러내지 말라고, 단단히 당부하셨다. 17 이것은 예언자 이사야를 시켜서 하신 말씀을 이루시려는 것이었다. 18 "보아라, 내가 뽑은 나의 종, 내 마음에 드는 사랑하는 자, 내가 내 영을 그에게 줄 것이니, 그는 이방 사람들에게 공의를 선포할 것이다. 19 그는 다투지도 않고, 외치지도 않을 것이다. 거리에서 그의 소리를 들을 사람이 없을 것이다. 20 정의가 이길 때까지, 그는 상한 갈대를 꺾지 않고, 꺼져가는 심지를 끄지 않을 것이다. 21 이방 사람들이 그 이름에 희망을 걸 것이다."

## 예수와 바알세불(막 3:20–30; 눅 11:14–23; 12:10)

22 ○ 그때에 사람들이, 귀신이 들려서 눈이 멀고 말을 못 하

**"이사야를 시켜서 하신 말씀을 이루시려는 것"(17절)이라는 말은 무슨 의미인가요?**
당시 유대인들은 성경을 하나님의 말씀으로 이해했기 때문에 성경의 저자들은 하나님께서 주신 말씀을 기록한 사람들이었습니다. 이사야서는 이사야 개인의 생각이 아니라, 하나님께서 그를 시켜서 하신 말씀입니다. 그래서 다윗도 예언자로 불립니다. 한편 복음서는 예수님의 많은 행적을 성경 속 하나님의 말씀과 연결합니다. 예수님께서 성경 속 하나님의 예언을 성취하셨다는 뜻입니다. 구약성경은 예수님에 관한 예언이었고, 따라서 예수님께서는 자신의 삶으로 성경의 예언을 성취하는 분입니다. 여기서는 자신을 숨기려는 예수님의 모습이 선지자 이사야를 통해 주신 하나님의 말씀(사 42:1–4)을 성취하는 것이라고 설명합니다.

는 사람 하나를, 예수께 데리고 왔다. 예수께서 그를 고쳐주시니, 그가 말을 하고, 보게 되었다. 23 그래서 무리가 모두 놀라서 말하였다. "이 사람이 다윗의 자손이 아닌가?" 24 그러나 바리새파 사람들은 이 말을 듣고 말하였다. "이 사람이 귀신의 두목 바알세불의 힘을 빌지 않고서는, 귀신을 쫓아내지 못할 것이다." 25 예수께서 그들의 생각을 아시고, 이렇게 말씀하셨다. "어느 나라든지 서로 갈라지면 망하고, 어느 도시나 가정도 서로 갈라지면 버티지 못한다. 26 사탄이 사탄을 쫓아내면, 스스로 갈라진 것이다. 그러면 그 나라가 어떻게 서 있겠느냐? 27 내가 바알세불의 힘을 빌어서 귀신을 쫓아낸다고 하면, 너희의 아들들은 누구의 힘으로 귀신을 쫓아낸다는 말이냐? 그러므로 그들이야말로 너희의 재판관이 될 것이다. 28 그러나 내가 하나님의 영을 힘입어서 귀신을 쫓아내는 것이면, 하나님의 나라는 너희에게 왔다. 29 사람이 먼저 힘센 사람을 묶어 놓지 않고서, 어떻게 그 사람의 집에 들어가서 세간을 털어갈 수 있느냐? 묶어놓은 뒤에야, 그 집을 털어갈 수 있다. 30 나와 함께하지 않는 사람은 나를 반대하는 사람이요, 나와 함께

**사람들은 왜 예수님을 보고 "이 사람이 다윗의 자손이 아닌가?"(23절)라는 반응을 보였나요?** 예수님께서는 귀신이 들려 앞을 볼 수 없고 말도 못 하는 사람을 치유하셨습니다. 그분의 능력에 놀란 사람들은 혹시 이 예수가 바로 그들이 기다려온 '다윗의 자손'이 아닐까 자문합니다. 다윗의 자손이라는 표현에는 오실 메시아에 대한 대중의 열망이 담겨 있습니다. 하나님께서는 다윗에게 그의 후손을 세워 다윗의 나라를 영원하게 해주겠다 약속하셨기 때문입니다. 이방의 압제에 시달린 이스라엘은 이스라엘을 회복할 이 새로운 왕, 다윗의 자손을 기다렸습니다. 그래서 예수님께서는 다양한 대상들로부터 다윗의 자손이라 불리셨습니다. 결국 다윗의 자손은 개인적이든 민족적이든, 우리의 구원자가 되어달라는 열망의 표현입니다.

모으지 않는 사람은 헤치는 사람이다. 31 그러므로 내가 너희에게 말한다. 사람들이 무슨 죄를 짓든지, 무슨 신성 모독적인 말을 하든지, 그들은 용서를 받을 것이다. 그러나 성령을 모독하는 것은 용서를 받지 못할 것이다. 32 또 누구든지 인자를 거슬러 말하는 사람은 용서를 받겠으나, 성령을 거슬러 말하는 사람은, 이 세상에서도 오는 세상에서도, 용서를 받지 못할 것이다."

## 열매를 보아 그 나무를 안다(눅 6:43-45)

33 ○ "나무가 좋으면 그 열매도 좋고, 나무가 나쁘면 그 열매도 나쁘다. 그 열매로 그 나무를 안다. 34 독사의 자식들아! 너희가 악한데, 어떻게 선한 것을 말할 수 있겠느냐? 마음에 가득 찬 것을 입으로 말하는 법이다. 35 선한 사람은 선한 것을 쌓아두었다가 선한 것을 내고, 악한 사람은 악한 것을 쌓아두었다가 악한 것을 낸다. 36 내가 너희에게 말한다. 사람들은

**32절에 나오는 성령은 무엇인가요?** '성령'은 하나님의 영입니다. 귀신은 사탄의 앞잡이로, 하나님의 통치에 반기를 들고 반역을 꾀하는 존재입니다. 따라서 예수님께서 귀신을 쫓아내시는 것은 하나님의 통치를 회복하고 구현한다는 뜻입니다. 그러나 예수님을 거부했던 반대자들은 예수님께서 귀신의 대장(바알세불)을 힘입어 귀신을 쫓아내는 것이라 비난했습니다. 그러자 예수님께서는 몇 가지 비유를 들어 반대자들의 '비판을 위한 비판'이 터무니없음을 지적하고, 강력한 심판을 경고하셨습니다. 그들의 행태가 그저 한 인간인 '인자'를 반대한 것이 아니라, 그 인자를 통해 일하시는 하나님의 성령을 모독한 것이라는 뜻입니다. 좋은 열매를 보고도 나무가 나쁘다고 말하는 그들의 억지는 그 속에 악한 욕망이 작동하고 있다는 사실을 보여줍니다(33-37절).

심판 날에 자기가 말한 온갖 쓸데없는 말을 해명해야 할 것이다. 37 너는 네가 한 말로, 무죄 선고를 받기도 하고, 유죄 선고를 받기도 할 것이다."

## 요나의 표징을 예언하시다(막 8:11-12; 눅 11:29-32)

38 ○ 그때에 율법학자들과 바리새파 사람들 가운데 몇 사람이 예수께 말하였다. "선생님, 우리는 선생님에게서 표징을 보았으면 합니다." 39 예수께서 그들에게 말씀하셨다. "악하고, 음란한 세대가 표징을 요구하지만, 예언자 요나의 표징밖에는, 이 세대는 아무 표징도 받지 못할 것이다. 40 요나가 사흘 낮과 사흘 밤 동안을 큰 물고기 뱃속에 있었던 것같이, 인자도 사흘 낮과 사흘 밤 동안을 땅속에 있을 것이다. 41 심판 때에 니느웨 사람들이 이 세대와 함께 일어나서, 이 세대를 정죄할 것이다. 니느웨 사람들은 요나의 선포를 듣고 회개하였기 때문이다. 그러나 보아라, 요나보다 더 큰 이가 여기에 있다.

**율법학자와 바리새파 사람들은 어떤 특징을 가진 부류인가요?** 율법학자들은 율법과 그 해석의 전통에 통달한 전문가들로, 율법에 대해 공식적으로 인정받은 권위자였습니다. 바리새파는 율법 공부와 실천을 통해 거룩한 나라를 만들고자 하는 남다른 열정을 가진 운동가들입니다. 이들이 예수님께 믿을 만한 표징을 요구합니다. 그러나 예수님께서 이미 많은 기적을 행하셨고 방금 전에도 병든 자를 고치셨는데, 이를 무시하고 또 다른 표징을 요구하는 것은 그들이 뭔가 다른 의도를 품고 있음을 말해줄 뿐입니다. 예수님께서는 그들의 요구를 거절하십니다. 그리고 요나 시대 니느웨와 솔로몬 시대 남방 여왕처럼 죄를 회개하고 지혜를 추구했던 이방인들의 사례를 들어, 그들의 완고한 불신앙을 정죄하십니다. 나중에 예수님께서는 이들을 경건의 모양만 있고 실제 경건의 삶은 없는 위선자라고 비판하셨습니다(23장).

42 심판 때에 남방 여왕이 이 세대와 함께 일어나서, 이 세대를 정죄할 것이다. 그는 솔로몬의 지혜를 들으려고, 땅끝에서부터 찾아왔기 때문이다. 그러나 보아라, 솔로몬보다 더 큰 이가 여기에 있다."

## 방비가 없으면 귀신이 되돌아온다(눅 11:24–26)

43 ○ "악한 귀신이 어떤 사람에게서 나왔을 때에, 그는 쉴 곳을 찾느라고 물 없는 곳을 헤맸으나 찾지 못하였다. 44 그래서 그는 말하기를 '내가 나온 집으로 되돌아가겠다' 하고, 돌아와서 보니, 그 집은 비어 있고, 말끔히 치워져서 잘 정돈되어 있었다. 45 그래서 그는 가서, 자기보다 더 악한 딴 귀신 일곱을 데리고 와서, 그 집에 들어가 거기에 자리를 잡고 살았다. 그래서 그 사람의 나중 형편이 처음보다 더 비참하게 되었다. 이 악한 세대도 그렇게 될 것이다."

**예언자 요나는 누구인가요?** 요나는 기원전 8세기 여로보암 2세가 북왕국 이스라엘의 왕위에 올랐을 때 활동한 예언자입니다(왕하 14:25). 그는 당시 번성했던 메소포타미아의 도시 니느웨로 가서 그 도시의 사악함을 고발하고 회개를 촉구하라는 하나님의 명령을 받습니다. 그러나 이스라엘의 원수들이 회개하고 구원받는 것이 싫었던 요나는 하나님을 피해 도망을 칩니다. 배를 타고 이동하던 중 거센 풍랑을 만났고, 결국 바다에 던져져 사흘 동안 거대한 고기의 뱃속에 머물게 됩니다. 그 후 할 수 없이 니느웨로 가서 회개를 선포하지만, 요나는 이스라엘의 원수들에게 자비를 베푸시는 하나님에 대한 불만을 끝내 거두지 않습니다. 본문에서는 사악한 니느웨도 요나의 메시지에 응답하고 회개했다는 사실이 '율법학자와 바리새파 사람들'의 완고함과 날카롭게 대조됩니다.

## 예수의 어머니와 형제들(막 3:31-35; 눅 8:19-21)

46 ○ 예수께서 아직도 무리에게 말씀하고 계실 때에, 예수의 어머니와 형제들이 예수와 말을 하겠다고 바깥에 서 있었다. 47 [어떤 사람이 예수께 와서 말하였다. "보십시오, 선생님의 어머니와 형제들이 선생님과 말을 하겠다고 바깥에 서 있습니다."] 48 그 말을 전해준 사람에게 예수께서 말씀하셨다. "누가 나의 어머니이며, 누가 나의 형제들이냐?" 49 그리고 손을 내밀어 제자들을 가리키고서 말씀하셨다. "보아라, 나의 어머니와 나의 형제들이다. 50 하늘에 계신 내 아버지의 뜻을 따라 사는 사람이 곧 내 형제요 자매요 어머니이다."

**어머니와 형제들을 대하는 예수님의 모습은 다소 쌀쌀맞아 보입니다. 예수님은 가족과는 상관없이 살았나요?** 성경의 다른 본문에는 예수님께서 가족과 함께 다녔던 흔적이 나타나기도 합니다. 물론 시간이 흘러 예수님에 대한 나쁜 소문이 퍼지면서 가족들의 걱정도 커졌고, 그래서 그들은 예수님을 설득하거나 '잡으러' 나선 것으로 보입니다. 그러나 하나님 나라의 급진적인 부름은 예수님의 경우에도 예외가 아닙니다. 그래서 예수님의 행보는 혈연관계의 틀을 벗어나고, 이는 어느 정도 가족들에 대한 냉정한 태도로 드러납니다. 더 이상 그들의 요구에 맞춰줄 수 없기 때문입니다. 실제로 예수님의 가족들은 하나님의 아들로서 예수님의 특별한 사명과 행보를 받아들이지 못했습니다. 사도행전에 보면 그들은 예수님의 부활 이후에야 그분의 '제자' 무리에 동참하는 것으로 나옵니다.

# { 제13장 }

## 씨 뿌리는 사람의 비유(막 4:1-9; 눅 8:4-8)

1 그날 예수께서 집에서 나오셔서, 바닷가에 앉으셨다. 2 많은 무리가 모여드니, 예수께서는 배에 올라가서 앉으셨다. 무리는 모두 물가에 서 있었다. 3 예수께서 그들에게 비유로 여러 가지 일을 말씀하셨다. 그는 이렇게 말씀하셨다. "보아라, 씨를 뿌리는 사람이 씨를 뿌리러 나갔다. 4 그가 씨를 뿌리는데, 더러는 길가에 떨어지니, 새들이 와서, 그것을 쪼아 먹었다. 5 또 더러는 흙이 많지 않은 돌짝밭에 떨어지니, 흙이 깊지 않아서 싹은 곧 났지만, 6 해가 뜨자 타버리고, 뿌리가 없어서 말라버렸다. 7 또 더러는 가시덤불에 떨어지니, 가시덤불이 자라서 그 기운을 막았다. 8 그러나 더러는 좋은 땅에 떨어져서 열매를 맺었는데, 어떤 것은 백 배가 되고, 어떤 것은 육십 배가 되고, 어떤 것은 삼십 배가 되었다. 9 귀 있는 사람은 들어라."

**비유로 말한 후에 예수님은 "귀 있는 사람은 들어라"(9절)라고 말합니다. 그 뜻은 무엇인가요?** 모든 사람이 귀를 갖고 있지만, 모든 사람이 제대로 들으려는 태도를 가진 것은 아닙니다. 특히 비유는 더욱 그렇습니다. 친숙한 일상의 사물이나 상황을 들어 설명하니 더 쉽게 이해되기도 하지만, 무언가 다른 것을 빌려 말하는 것이라 더 수수께끼처럼 들리기도 합니다. 그래서 비유를 이해하려면 마음을 열고 귀 기울이는 공감적 청취가 필요합니다. 때로는 제자들의 그룹에 속했을 때라야 이해할 수 있는 말씀이 되기도 합니다. 특히 본문에 나타난 씨 뿌리는 사람의 비유는 말씀을 듣는 사람의 태도, 그리고 현실 속에서 그 말씀에 응답하는 서로 다른 태도에 관한 이야기입니다. 말씀을 듣는 자신의 태도를 돌아보고, 말씀의 씨를 받아 많은 열매를 맺는 땅처럼 되라는 도전입니다.

## 비유로 말씀하신 목적(막 4:10-12; 눅 8:9-10)

10 ○ 제자들이 다가와서 예수께 말했다. "어찌하여 그들에게는 비유로 말씀하십니까?" 11 예수께서 그들에게 대답하셨다. "너희에게는 하늘나라의 비밀을 아는 것을 허락해주셨지만, 다른 사람들에게는 그렇게 해주지 않으셨다. 12 가진 사람은 더 받아서 차고 남을 것이며, 가지지 못한 사람은 가진 것마저 빼앗길 것이다. 13 내가 그들에게 비유로 말하는 이유는, 그들이 보아도 보지 못하고, 들어도 듣지도 못하고 깨닫지도 못하기 때문이다. 14 이사야의 예언이 그들에게서 이루어지는 것이다. '너희가 듣기는 들어도 깨닫지 못하고, 보기는 보아도 알아보지 못할 것이다. 15 이 백성의 마음이 무디어지고 귀가 먹고 눈이 감기어 있다. 이는 그들로 하여금 눈으로 보지 못하게 하고 귀로 듣지 못하게 하고 마음으로 깨닫지 못하게 하고 돌아서지 못하게 하여, 내가 그들을 고쳐주지 않으려는 것이다.' 16 그러나 너희의 눈은 지금 보고 있으니 복이 있으며, 너희의 귀는 지금 듣고 있으니 복이 있다. 17 그러므로 내가 진정으로 너희에게 말한다. 많은 예언자와 의인이 너희가 지금 보고 있

**이사야는 어떤 인물이며, 주로 어떤 예언을 했나요?** 기원전 8세기 예루살렘을 무대로 활동한 예언자입니다. 때로는 시적인 언어로, 때로는 격정적인 연설로, 때로는 과감한 상징적인 행동으로 하나님의 메시지를 선포했습니다. 그의 핵심 관심사는 종교적 열정이 정의를 실천하는 삶과 연결되지 못하는 유다 백성의 위선이었습니다. 유다 백성은 앗시리아와 같은 강대국에 의존하면서 하나님께 순종하려 하지 않았습니다. 율법에 대한 열정은 식었고, 우상숭배가 만연했습니다. 이런 분위기 속에서 이사야는 하나님의 사랑에 제대로 값하지 못하는 왕과 백성의 이기적인 위선을 비판하며 심판을 경고했습니다. 하지만 그 속에도 놀랄 만한 희망의 메시지가 등장하기도 합니다.

는 것을 보고 싶어 하였으나 보지 못하였고, 너희가 지금 듣고 있는 것을 듣고 싶어 하였으나 듣지 못하였다."

### 비유를 해설하시다(막 4:13-20; 눅 8:11-15)

18 ○ "너희는 이제 씨를 뿌리는 사람의 비유가 무슨 뜻을 지녔는지를 들어라. 19 누구든지 하늘나라를 두고 하는 말씀을 듣고도 깨닫지 못하면, 악한 자가 와서, 그 마음에 뿌려진 것을 빼앗아간다. 길가에 뿌린 씨는 그런 사람을 두고 하는 말이다. 20 또 돌짝밭에 뿌린 씨는 이런 사람이다. 그는 말씀을 듣고, 곧 기쁘게 받아들이기는 하지만, 21 그 속에 뿌리가 없어서 오래가지 못하고, 말씀 때문에 환난이나 박해가 일어나면, 곧 걸려 넘어진다. 22 또 가시덤불 속에 뿌린 씨는 이런 사람이다. 그는 말씀을 듣기는 하지만, 세상의 염려와 재물의 유혹이 말씀을 막아, 열매를 맺지 못한다. 23 그런데 좋은 땅에 뿌린 씨는 말씀을 듣고서 깨닫는 사람을 두고 하는 말인데, 이 사람이야말로 열매를 맺되, 백 배 혹은 육십 배 혹은 삼십 배의 결실을 낸다."

**씨 뿌리는 비유가 나옵니다. 이스라엘도 농사가 가능한 지역이었나요?** 고대사회가 거의 그랬듯이, 농업은 이스라엘의 주업이었습니다. 그래서 땅이 중요했습니다. 목축도 중요했지만, 농업에 비교할 수준은 아니었습니다. 예수님의 이야기 속에도 밀, 포도, 무화과, 올리브 같은 작물이 자주 등장합니다. 작은 겨자씨가 자라서 제법 큰 나무가 되는 이야기도 있고, 곡식을 심은 밭에 귀찮은 가라지가 생기는 장면도 등장합니다. 이 모두가 당시 이스라엘 사람들의 생활 풍경이었습니다. 예수님께서 마지막 시간을 보내셨던 곳도 올리브 과수원이 있던 '올리브산'(개역개정 성경은 감람산으로 번역)이었습니다. 한 알의 씨앗을 심어 수십 배 이상의 결실을 거두는 비유는 당시의 주식이었던 곡물 농사와 잘 어울리는 이야기입니다.

## 밀과 가라지의 비유

24 ○ 예수께서 또 다른 비유를 들어서 그들에게 말씀하셨다. "하늘나라는 자기 밭에다가 좋은 씨를 뿌리는 사람과 같다. 25 사람들이 잠자는 동안에 원수가 와서, 밀 가운데에 가라지를 뿌리고 갔다. 26 밀이 줄기가 나서 열매를 맺을 때에, 가라지도 보였다. 27 그래서 주인의 종들이 와서, 그에게 말하였다. '주인어른, 어른께서 밭에 좋은 씨를 뿌리지 않으셨습니까? 그런데 가라지가 어디에서 생겼습니까?' 28 주인이 종들에게 말하기를 '원수가 그렇게 하였구나' 하였다. 종들이 주인에게 말하기를 '그러면 우리가 가서, 그것들을 뽑아버릴까요?' 하였다. 29 그러나 주인은 이렇게 대답하였다. '아니다. 가라지를 뽑다가, 가라지와 함께 밀까지 뽑으면, 어떻게 하겠느냐? 30 추수 때까지 둘 다 함께 자라도록 내버려두어라. 추수할 때에, 내가 추수꾼에게, 먼저 가라지를 뽑아 단으로 묶어서 불태워버리고, 밀은 내 곳간에 거두어들이라고 하겠다.'"

**가라지, 겨자씨와 누룩, 숨겨놓은 보물, 새것과 낡은 것 등 여러 비유를 통해 예수님이 궁극적으로 말하려는 핵심은 무엇인가요?** 이와 같은 비유들은 각각 천국의 다양한 면모를 설명합니다. 밀밭에 반갑잖은 가라지가 나타납니다. 그렇다고 보이는 족족 뽑다가는 밀이 상할까 봐 차라리 추수 때까지 그냥 둡니다. 현재는 밀과 가라지, 곧 천국의 자녀와 악한 자의 자녀가 함께 있습니다. 아직은 구별하기도, 확실히 나누기도 어렵습니다. 이것이 천국 자녀들이 살아야 할 현실입니다. 또 아직은 매우 작지만 언젠가는 새들이 깃들일 만한 나무로 자라는 겨자씨, 그리고 적은 양이지만 서 말의 가루 전부를 부풀게 하는 누룩은 현재의 미미함에 굴하지 말고 미래의 영광스러움을 상상하고 기대하라는 말씀으로 들립니다. 제자들에게는 각각의 비유들이 서로 다른 측면에서 위로와 격려가 됩니다.

## 겨자씨와 누룩의 비유(막 4:30-32; 눅 13:18-21)

31 ○ 예수께서 또 다른 비유를 들어서, 그들에게 말씀하셨다. "하늘나라는 겨자씨와 같다. 어떤 사람이 그것을 가져다가, 자기 밭에 심었다. 32 겨자씨는 어떤 씨보다 더 작은 것이지만, 자라면 어떤 풀보다 더 커져서 나무가 된다. 그리하여 공중의 새들이 와서, 그 가지에 깃들인다."

33 ○ 예수께서 또 다른 비유를 그들에게 말씀하셨다. "하늘나라는 누룩과 같다. 어떤 여자가 그것을 가져다가, 가루 서 말 속에 살짝 섞어 넣으니, 마침내 온통 부풀어 올랐다."

## 비유로 말씀하시다(막 4:33-34)

34 ○ 예수께서 이 모든 것을 비유로 무리에게 말씀하셨다. 비유가 아니고서는, 아무것도 그들에게 말씀하지 않으셨다. 35 이것은 예언자를 시켜서 하신 말씀을 이루시려는 것이었다. "나는 내 입을 열어서 비유로 말할 터인데, 창세 이래로 숨겨둔 것을 털어놓을 것이다."

**예수님이 비유로 말한 이유가 "예언자를 시켜서 하신 말씀을 이루시려는 것"(35절)과 어떤 상관이 있나요?** 인용된 말씀은 이사야서 6장의 일부로, 얼핏 이스라엘 백성의 완고함에 대한 절망적인 토로로 들립니다. 부지런히 회개를 외쳐도 왕과 백성은 이사야를 통해 들려주는 하나님의 말씀을 듣지 않을 것이며, 결국 심판을 자초하리라는 암울한 전망입니다. 예수님께서는 이사야의 말씀을 자신의 상황에 적용하십니다. 밖에 있어 깨닫지 못하는 이들에게는 바로 알지 못하도록 비유로 가르치시지만, 제자들에게는 그 비밀이 주어집니다. 천국의 비밀은 제자들처럼 진지한 헌신의 자세로 제자의 길을 따르는 이들에게 주어진다는 말씀입니다.

## 가라지 비유를 설명하시다

36 ○ 그 뒤에 예수께서 무리를 떠나서, 집으로 들어가셨다. 제자들이 그에게 다가와서 말하였다. "밭의 가라지 비유를 우리에게 설명하여주십시오." 37 예수께서 말씀하셨다. "좋은 씨를 뿌리는 이는 인자요, 38 밭은 세상이다. 좋은 씨는 그 나라의 자녀들이요, 가라지는 악한 자의 자녀들이다. 39 가라지를 뿌린 원수는 악마요, 추수 때는 세상 끝 날이요, 추수꾼은 천사들이다. 40 가라지를 모아다가 불에 태워버리는 것과 같이, 세상 끝 날에도 그렇게 할 것이다. 41 인자가 천사들을 보낼 터인데, 그들은 죄짓게 하는 모든 일들과 불법을 행하는 모든 사람들을 자기 나라에서 모조리 끌어모아다가, 42 불 아궁이에 처넣을 것이다. 그러면 그들은 거기서 울며 이를 갈 것이다. 43 그때에 의인들은 그들의 아버지의 나라에서 해와 같이 빛날 것이다. 귀 있는 사람은 들어라."

**"좋은 씨를 뿌리는 이는 인자"(37절)에서 '인자'는 무슨 뜻인가요?** '인자'(人子)는 글자 그대로 '사람의 아들'이라는 뜻입니다. 하나님께서 예언자 에스겔을 "인자야" 하고 부르신 것처럼, 그냥 "사람아" 하는 뜻으로 사용됩니다. 반면 다니엘서에서는 '인자 같은 분'이 하나님의 영광에 함께하는 초월적 존재로 묘사되었습니다. 복음서에서 인자는 예수님께서 스스로를 칭하실 때 사용되는데, 특히 예수님의 수난이나 재림 등의 맥락에서 자주 나타나는 경향이 있습니다. 여기서는 '악한 자의 자녀들'을 낳는 마귀의 방해 공작에도 불구하고 천국 복음을 선포하며 '그 나라의 자녀들'을 낳는 분으로, 그리고 천사를 보내 심판을 수행할 분으로 그려집니다.

## 세 가지 비유

44 ○ "하늘나라는, 밭에 숨겨놓은 보물과 같다. 어떤 사람이 그것을 발견하면, 제자리에 숨겨두고, 기뻐하며 집에 돌아가서는, 가진 것을 다 팔아서 그 밭을 산다."

45 ○ "또 하늘나라는, 좋은 진주를 구하는 상인과 같다. 46 그가 값진 진주 하나를 발견하면, 가서, 가진 것을 다 팔아서 그것을 산다."

47 ○ "또 하늘나라는, 바다에 그물을 던져서 온갖 고기를 잡아 올리는 것과 같다. 48 그물이 가득 차면, 해변에 끌어올려 놓고 앉아서, 좋은 것들은 그릇에 담고, 나쁜 것들은 내버린다. 49 세상 끝 날에도 이렇게 할 것이다. 천사들이 와서, 의인들 사이에서 악한 자들을 가려내서, 50 그들을 불 아궁이에 처

산상 설교 *The Sermon on the Mount, from The New Testament,* Jacques Callot, French, 1635

넣을 것이니, 그들은 거기서 울며 이를 갈 것이다."

## 새것과 낡은 것

51 ○ 예수께서 제자들에게 "너희가 이것들을 모두 깨달았느냐?" 하고 물으시니, 그들이 "예" 하고 대답하였다. 52 예수께서 그들에게 말씀하셨다. "그러므로, 하늘나라를 위하여 훈련을 받은 율법학자는 누구나, 자기 곳간에서 새것과 낡은 것을 꺼내는 집주인과 같다." 53 예수께서 이 비유들을 말씀하신 뒤에, 그곳을 떠나셨다.

## 고향 나사렛에서 배척을 받으시다(막 6:1-6; 눅 4:16-30)

54 ○ 예수께서 자기 고향에 가셔서, 회당에서 사람들을 가르치셨다. 사람들은 놀라서 말하였다. "이 사람이 어디에서 이런 지혜와 그 놀라운 능력을 얻었을까? 55 이 사람은 목수의 아

**고향 사람들은 집안과 출신을 들먹이며 예수님의 능력에 의구심을 품습니다. 예수님의 능력은 정말 어디에서 온 것인가요?** 예수님의 출신을 잘 아는 사람일수록 예수님의 새로운 모습, 즉 하나님의 아들이라는 정체성을 받아들이기가 어려울 것입니다. 예수님을 속속들이 알았을 고향 사람들 눈에도 예수님의 지혜와 능력은 분명했습니다. 그래서 그들은 예수님의 가르침에 놀라기까지 합니다. 그렇다면 이러한 놀라움은 하나님의 지혜와 능력을 가진 예수님에 대한 새로운 탐구와 깨달음으로 이어져야 합니다. 그러나 그들의 '사전 지식'은 이를 방해합니다. 예수님을 새로 알기엔 그들이 이미 예수님을 너무 잘 알기 때문이지요. 그래서 그들은 예수님을 통해 드러나는 하나님의 지혜와 능력의 의미를 숙고하는 대신, 그들의 기존 지식을 되뇝니다. 그리고 끝내 예수님을 배척합니다. 예수님을 가장 잘 아는 사람이 예수님을 모르는 사람이 되는 비극적 역설입니다.

들이 아닌가? 그의 어머니는 마리아라고 하는 분이 아닌가? 그의 아우들은 야고보와 요셉과 시몬과 유다가 아닌가? 56 또 그의 누이들은 모두 우리와 같이 살고 있지 않은가? 그런데 이 사람이 이 모든 것을 어디에서 얻었을까?" 57 그래서 그들은 예수를 달갑지 않게 여겼다. 예수께서 그들에게 말씀하셨다. "예언자는 자기 고향과 자기 집 밖에서는 존경을 받지 않는 법이 없다." 58 예수께서는 그들의 믿지 않음 때문에, 거기서는 기적을 많이 행하지 않으셨다.

# { 제14장 }

## 세례 요한이 죽임을 당하다(막 6:14-29; 눅 9:7-9)

1 그 무렵에 분봉 왕 헤롯이 예수의 소문을 듣고서, 자기 신하들에게 말하였다. 2 "이 사람은 세례자 요한이다. 그가 죽은 사람들 가운데서 살아났다. 그 때문에 그가 이런 놀라운 능력을 발휘하는 것이다." 3 헤롯은 일찍이, 자기 동생 빌립의 아내 헤로디아의 일 때문에 요한을 붙잡아다가 묶어서, 감옥에 가둔 일이 있었다. 4 그것은, 요한이 헤롯에게 "그 여자를 차지하는 것은 옳지 않습니다" 하고 여러 차례 말하였기 때문이다. 5 그래서 헤롯은 요한을 죽이려고 하였으나, 민중이 두려워서 그렇게 하지 못하였다. 그것은, 그들이 요한을 예언자로 여기고 있었기 때문이다. 6 그런데 마침, 헤롯의 생일에 헤로디아의 딸이 손님들 앞에서 춤을 추어서, 헤롯을 즐겁게 해주었다. 7 그리하여 헤롯은 그 소녀에게, 청하는 것은 무엇이든지 주겠다고, 맹세로써 약속하였다. 8 소녀는 자기 어머니가 시키

**분봉 왕 헤롯은 어떤 인물이었나요?** 헤롯대왕 사후 팔레스타인은 헤롯의 세 아들이 분할 통치합니다. 로마는 이들에게 '왕' 대신 '테트라르크'(Tetrarch)라는 칭호를 줍니다. 왕이 아니라 그냥 '4분의 1을 다스리는 통치자'라는 뜻인데, 이를 우리말로 '분봉 왕'(分封 王)이라 옮겼습니다. 본문의 헤롯은 갈릴리 지역을 맡은 헤롯 안티파스입니다. 어릴 때 로마에서 자라며 배웠고, 아버지처럼 건축에 관심이 많았습니다. 본래 나바테아 왕국의 공주와 결혼했으나 이혼하고 이복동생 헤로디아와 결혼했다가 세례자 요한의 꾸지람을 들었고, 아내의 사주로 결국 요한을 살해합니다. 칼리굴라 황제 즉위 후 갈리아로 추방당했고, 거기서 죽었습니다. 예수님께서는 헤롯을 '그 여우'라 부르셨습니다(눅 13:32).

는 대로 말하였다. "세례자 요한의 머리를 쟁반에 담아서 이리로 가져다주십시오." 9 왕은 마음이 괴로웠지만, 이미 맹세를 하였고, 또 손님들이 보고 있는 앞이므로, 그렇게 해주라는 명령을 내리게 되었다. 10 그래서 그는 사람을 보내서, 감옥에서 요한의 목을 베게 하였다. 11 그 머리를 쟁반에 담아서 가져다가 소녀에게 주니, 소녀는 그것을 자기 어머니에게 가져갔다. 12 요한의 제자들이 와서, 그 시체를 거두어다가 장사 지내고 나서, 예수께 가서 알려드렸다.

## 오천 명을 먹이시다(막 6:30-44; 눅 9:10-17; 요 6:1-14)

13 ○ 예수께서 그 말을 들으시고, 거기에서 배를 타고, 따로 외딴곳으로 물러가셨다. 이 소문이 퍼지니, 무리가 여러 동네에서 몰려나와서, 걸어서 예수를 따라왔다. 14 예수께서 배에서 내려서, 큰 무리를 보시고, 그들을 불쌍히 여기시고, 그들 가운데서 앓는 사람들을 고쳐주셨다. 15 저녁때가 되니, 제자들이 예수께 다가와서 말하였다. "여기는 빈 들이고, 날도 이미 저물었

예수님은 종종 외딴곳으로 물러나 혼자만의 시간을 가졌습니다. 왜 그런 시간이 필요했나요? 본문이 제시하는 이유는 기도입니다. 사람들에게서 벗어나 홀로 '나의 아버지' 하나님과 마주해 기도하는 시간이 필요했기 때문입니다. 그래서 예수님께서는 자주 산에 오르거나 인적이 드문 한적한 곳을 찾으시는 것으로 그려집니다. 또 기도가 아니더라도, 대중의 관심으로 인한 압박으로부터 벗어나 휴식을 취하고, 현재의 상황을 찬찬히 숙고하며 새롭게 자신을 충전하는 시간도 필요했을 것입니다. 물론 대중에게서 벗어나 제자들과 함께 그들만의 시간을 갖기도 합니다. 요한복음서에서는 대중의 성급한 열정과 거리를 두거나 종교 지도자들의 살해 시도를 피하기 위해 혼자만의 시간이 필요했던 것으로도 그려집니다.

습니다. 그러니 무리를 헤쳐 보내어, 제각기 먹을 것을 사 먹게, 마을로 보내시는 것이 좋겠습니다." 16 예수께서 그들에게 말씀하셨다. "그들이 물러갈 필요 없다. 너희가 그들에게 먹을 것을 주어라." 17 제자들이 예수께 말하였다. "우리에게 있는 것이라고는, 빵 다섯 개와 물고기 두 마리밖에 없습니다." 18 이때에 예수께서 말씀하셨다. "그것들을 이리로 가져오너라." 19 그리고 예수께서는 무리를 풀밭에 앉게 하시고 나서, 빵 다섯 개와 물고기 두 마리를 들고, 하늘을 우러러보시고 축복 기도를 드리신 다음에, 떼어서 제자들에게 주시니, 제자들이 이를 무리에게 나누어주었다. 20 그들은 모두 배불리 먹었다. 남은 부스러기를 모으니, 열두 광주리에 가득 찼다. 21 먹은 사람은 여자들과 어린아이들 외에, 어른 남자만도 오천 명쯤 되었다.

## 물 위로 걸으시다(막 6:45–52; 요 6:15–21)

22 ○ 예수께서는 곧 제자들을 재촉하여 배에 태워서, 자기보다 먼저 건너편으로 가게 하시고, 그동안에 무리를 헤쳐 보내

**물 위를 걷는 기적에서 중요한 것은 무엇인가요? 기적인가요, 아니면 의심 없는 믿음인가요?** 물 위를 걷는 기적 자체는 하나님의 메시아로서 예수님의 정체성을 드러내는 계기 중 하나입니다. 그래서 전체 이야기는 "선생님은 참으로 하나님의 아들이십니다" 하는 제자들의 고백과 경배로 마무리됩니다. 다른 기적들과 마찬가지로 예수님께서 어떤 분인지 드러내는 표적인 것이지요. 그런데 이 이야기의 중간에 베드로의 이야기가 삽입됩니다. 주님이 주시는 용기로 물 위를 걷지만 바람에 겁을 먹고 다시 물에 빠지는 사람, 하지만 주님의 손길로 다시 구원을 경험하는 '믿음이 작은 자'의 이야기입니다. 이처럼 믿음의 중요성 역시 본문의 주요 관심사임이 분명하지만, 이 주제는 하나님의 아들이신 예수님을 드러내는 전체 그림의 한 부분으로 자리합니다.

셨다. 23 무리를 헤쳐 보내신 뒤에, 예수께서는 따로 기도하시려고 산에 올라가셨다. 날이 이미 저물었을 때에, 예수께서는 홀로 거기에 계셨다. 24 제자들이 탄 배는, 그 사이에 이미 육지에서 멀리 떨어져 있었는데, 풍랑에 몹시 시달리고 있었다. 바람이 거슬러서 불어왔기 때문이다. 25 이른 새벽에 예수께서 바다 위로 걸어서 제자들에게로 가셨다. 26 제자들이, 예수께서 바다 위로 걸어오시는 것을 보고, 겁에 질려서 "유령이다!" 하며 두려워서 소리를 질렀다. 27 [예수께서] 곧 그들에게 말씀하셨다. "안심하여라. 나다. 두려워하지 말아라."
28 ○ 베드로가 예수께 말하였다. "주님, 주님이시면, 나더러 물 위로 걸어서, 주님께로 오라고 명령하십시오." 29 예수께서 "오너라!" 하고 말씀하셨다. 베드로는 배에서 내려, 물 위로 걸어서, 예수께로 갔다. 30 그러나 베드로는 [거센] 바람이 불어오는 것을 보고, 무서움에 사로잡혀서, 물에 빠져 들어가게 되었다. 그때에 그는 "주님, 살려주십시오" 하고 외쳤다. 31 예수께서 곧 손을 내밀어서, 그를 붙잡고 말씀하셨다. "믿음이 적

**5천 명을 먹이고, 물 위를 걷고, 병자를 고치고…. 예수님이 가는 곳, 하는 일에는 모두 기적이 따릅니다. 그런 기적들이 공통으로 강조하려는 점은 무엇인가요?** 각각의 기적은 구체적인 상황 속에서 다양한 방식으로 사람들의 필요를 채웁니다. 배고픈 청중을 먹이고, 물에 빠진 이를 구조하며, 아픈 사람을 치유합니다. 이 개별 사건의 목소리가 모여 인간의 근원적인 필요를 채우시는 분, 곧 죄로부터 사람을 구원하시는 분의 면모가 드러납니다. 또 이 사건들은 인간의 한계를 넘어 하나님의 능력을 드러내는 놀라운 이야기입니다. 예수님께서는 평범한 인간이 아니라, 하나님의 능력과 권위를 지닌 하나님의 아들이요 메시아라는 뜻입니다. 이처럼 놀라운 기적들을 통해 예수님께서는 자신의 참 모습을 드러내시고, 사람들은 경이감 속에서 회개와 믿음으로 예수님께 다가가 천국의 자녀가 됩니다.

은 사람아, 왜 의심하였느냐?" 32 그리고 그들이 함께 배에 오르니, 바람이 그쳤다. 33 배 안에 있던 사람들은 그에게 무릎을 꿇고 말하였다. "선생님은 참으로 하나님의 아들이십니다."

## 게네사렛에서 병자들을 고치시다(막 6:53-56)

34 ○ 그들은 바다를 건너가서, 게네사렛 땅에 이르렀다. 35 그곳 사람들이 예수를 알아보고, 주위의 온 지방으로 사람을 보내어, 병자를 모두 그에게 데려왔다. 36 그들은 예수께, 그의 옷술만에라도 손을 대게 해달라고 간청하였다. 그리고 손을 댄 사람은 모두 나았다.

# { 제15장 }

## 장로들의 전통(막 7:1-23)

1 그때에 예루살렘에서 바리새파 사람들과 율법학자들이 예수께 와서 말하였다. 2 "당신의 제자들은 어찌하여 장로들의 전통을 어기는 것입니까? 그들은 빵을 먹을 때에 손을 씻지 않습니다." 3 예수께서 그들에게 말씀하셨다. "그러면 너희는 어찌하여 너희의 전통 때문에 하나님의 계명을 어기느냐? 4 하나님께서 말씀하시기를 '아버지와 어머니를 공경하여라' 하시고, 또 '아버지나 어머니를 욕하는 자는 반드시 죽을 것이다' 하셨다. 5 그러나 너희는 말하기를, 누구든지 아버지나 어머니에게 '내게서 받으실 것이 하나님께 드리는 예물이 되었습니다' 하고 말만 하면, 6 그 사람은 제 부모를 공경하지 않아도 된다고 한다. 이렇게 너희는 너희의 전통 때문에 하나님의 말씀을 폐한다. 7 위선

**바리새파 사람들은 장로들의 전통을 강조하고, 예수님은 하나님의 계명을 앞세웁니다. 여기서 '장로'들은 누구를 말하며, 예수님이 주장하는 내용의 핵심은 무엇인가요?**

장로(長老)의 문자적인 뜻은 '나이 많은 사람들'(Presbyteroi, Elders)입니다. 하나님께서 모세를 통해 이스라엘에게 율법을 주신 이후 대대로 율법 해석과 적용의 전통이 축적되어왔는데, 이것이 '장로들의 전통'입니다. 여기서 '장로'란 이 전통의 생산과 전달을 맡았던 율법 전문가들 전체를 말합니다. 이 전통은 사문화될 수 있는 고대의 율법을 당대의 삶에 적용할 수 있도록 새롭게 해석하며 만들어진 규정들입니다. 원래는 일상에서 율법을 지키려고 만든 것이지만, 이런 소소한 규정들은 자칫 '형식적인' 신앙을 낳거나, 진솔한 실천 없는 겉꾸밈의 수단이 될 수도 있습니다. 예수님께서는 바로 이런 위선을 공격하셨습니다. 율법 규정을 철저히 지키는 바리새파 사람들의 모습은 얼핏 경건해 보이지만, 실상 그들의 철저함은 하나님의 뜻에 어긋난 욕망의 발로라는 사실을 지적하신 것입니다. 곧 참된 실천의 부재에 대한 이야기입니다.

자들아! 이사야가 너희를 두고 적절히 예언하였다. 8 '이 백성이 입술로는 나를 공경해도, 마음은 나에게서 멀리 떠나 있다. 9 그들은 사람의 훈계를 교리로 가르치며, 나를 헛되이 예배한다.'" 10 ○ 예수께서 무리를 가까이 부르시고서 그들에게 말씀하셨다. "너희는 내 말을 듣고 깨달아라. 11 입으로 들어가는 것이 사람을 더럽히는 것이 아니라, 입에서 나오는 것, 그것이 사람을 더럽힌다." 12 그때에 제자들이 다가와서 예수께 말하였다. "바리새파 사람들이 이 말씀을 듣고 분개하고 있다는 것을 아십니까?" 13 예수께서 대답하셨다. "나의 하늘 아버지께서는 자기가 심지 않으신 식물은 모두 뽑아버리실 것이다. 14 그들을 내버려두어라. 그들은 눈먼 사람이면서 눈먼 사람을 인도하는 길잡이들이다. 눈먼 사람이 눈먼 사람을 인도하면, 둘 다 구덩이에 빠질 것이다." 15 베드로가 예수께 "그 비유를 우리에게 설명해주십시오" 하고 청하니, 16 예수께서 말씀하셨다. "너희도 아직 깨닫지 못하느냐? 17 입으로 들어가는 것은 무엇이든지, 뱃속으로 들어가서 뒤로 나가는 줄 모르느냐? 18 그러나 입에서 나오는 것들은 마음에서 나오는데, 그것들이 사

**제자들은 예수님에게 바리새파 사람들이 분개하고 있다고 알립니다(12절). 제자들은 왜 이렇게 바리새파 사람들을 의식했나요?** 예수님의 행보를 반대하는 바리새파 사람들의 목소리가 점점 높아지고 있습니다. 제자들은 예수님의 거친 비판이 상황을 더 악화시키지 않을까 염려합니다. 역사가 요세푸스에 따르면, 당대 사람들은 바리새인들을 신뢰할 만한 율법 해석의 전문가로 여겼습니다. 바리새인들을 향한 예수님의 날 선 비판은 이런 여론과 맞서는 것이 될 수 있습니다. 이 또한 제자들에게 부담이었을 것입니다. 그러나 예수님께서는 "바리새파 사람들을 내버려두라"고 말씀하십니다. 뿌리 뽑힌 식물처럼 말라버릴 사람들이기 때문입니다. '눈먼 인도자'라는 표현은 그들의 위선을 겨냥합니다.

람을 더럽힌다. 19 마음에서 악한 생각들이 나온다. 곧 살인과 간음과 음행과 도둑질과 거짓 증언과 비방이다. 20 이런 것들이 사람을 더럽힌다. 그러나 손을 씻지 않고서 먹는 것은, 사람을 더럽히지 않는다."

## 가나안 여자의 믿음(막 7:24-30)

21 ○ 예수께서 거기에서 떠나서, 두로와 시돈 지방으로 가셨다. 22 마침, 가나안 여자 한 사람이 그 지방에서 나와서 외쳐 말하였다. "다윗의 자손이신 주님, 나를 불쌍히 여겨주십시오. 내 딸이, 귀신이 들려 괴로워하고 있습니다." 23 그러나 예수께서는 한마디도 대답하지 않으셨다. 그때에 제자들이 다가와서, 예수께 간청하였다. "저 여자가 우리 뒤에서 외치고 있으니, 그를 안심시켜서 떠나보내 주십시오." 24 예수께서 대답하셨다. "나는 오직 이스라엘 집의 길을 잃은 양들에게 보내심을 받았을 따름이다." 25 그러나 그 여자는 나아와서, 예수께 무릎을 꿇고 간청하였다. "주님, 나를 도와주십시오." 26 예수께

**사람들을 늘 불쌍히 여기던 예수님이 가나안 여자에게는 왜 그렇게 매정하게 대했나요?** '이방' 여인을 대하는 예수님의 태도는 분명 평소와 다르지만, 문맥을 살펴보면 예수님께서 여인의 믿음을 시험하고 계신 것이 분명합니다. 그녀는 예수님을 "다윗의 자손이신 주님"(22절)이라 부릅니다. 이는 여인이 예수님의 참된 정체성을 매우 잘 알고 있다는 뜻입니다. 예수님께서는 처음에는 무시하는 모습을 보이다가, 그다음에는 배타적이면서 모욕적인 말투로 여인의 믿음에 장애물을 놓으십니다. 하지만 여인은 더욱 집요한 믿음의 언어로 예수님을 놀라게 하고, 결국 예수님의 찬사를 받아냅니다. 그리고 마침내 여인의 요청이 이루어집니다. 믿음의 중요성을 일깨우기 위한 극적인 드라마를 보여주신 것입니다.

서 대답하셨다. "자녀들의 빵을 집어서, 개들에게 던져주는 것은 옳지 않다." 27 그 여자가 말하였다. "주님, 그렇습니다. 그러나 개들도 주인의 상에서 떨어지는 부스러기는 얻어먹습니다." 28 그제서야 예수께서 그 여자에게 말씀하셨다. "여자여, 참으로 네 믿음이 크다. 네 소원대로 되어라." 바로 그 시각에 그 여자의 딸이 나았다.

## 많은 병자를 고치신 예수

29 ○ 예수께서 거기에서 떠나서, 갈릴리 바닷가에 가셨다. 그리고 산에 올라가서, 거기에 앉으셨다. 30 많은 무리가, 걷지 못하는 사람과 지체를 잃은 사람과 눈먼 사람과 말 못 하는 사람과 그 밖에 아픈 사람을 많이 데리고 예수께로 다가와서, 그 발 앞에 놓았다. 그러자 예수께서는 그들을 고쳐주셨다. 31 그래서 무리는, 말 못 하는 사람이 말을 하고, 지체장애인이 성한 몸이 되고, 걷지 못하는 사람이 걸어 다니고, 눈먼 사람이 보게 된 것을 보고 놀랐고, 이스라엘의 하나님께 영광을 돌렸다.

**예수님은 자녀들에게 줄 빵을 개에게 주는 것이 옳지 않다고 했다가 태도를 바꿉니다. 예수님의 기준은 무엇인가요?** 자녀는 선택받은 유대인을, 개는 비유대인을 상징합니다. 원래 메시아는 '자기 백성' 곧 유대인을 이민족의 압제로부터 건지는 분입니다(1:21). 하지만 메시아 예수님을 믿는 믿음이라는 구원의 원리는 유대인이라는 인종적이고 종교 문화적인 울타리를 훌쩍 넘어갑니다. 지금 예수님께서는 자녀와 개라는 거친 비유를 사용해 유대인의 전통적, 배타적 태도를 시연하며 이방 여인의 믿음을 테스트하고 계십니다. 여인은 그 장애물을 넘어 제대로 된 믿음을 보여줍니다. 모든 사회적, 문화적 경계를 초월하는 믿음의 중요성은 이후 교회의 확장 과정에서 가장 결정적인 주제 가운데 하나가 됩니다.

## 사천 명을 먹이시다(막 8:1-10)

32 ○ 그때에 예수께서 제자들을 가까이 불러놓고 말씀하셨다. "저 무리가 나와 함께 있은 지가 벌써 사흘이나 되었는데, 먹을 것이 없으니, 가엾다. 그들을 굶주린 채로 돌려보내고 싶지 않다. 가다가 길에서 쓰러질지도 모른다." 33 제자들이 예수께 말하였다. "여기는 빈 들인데, 이 많은 무리를 배불리 먹일 만한 빵을 무슨 수로 구하겠습니까?" 34 예수께서 그들에게 물으셨다. "너희에게 빵이 몇 개나 있느냐?" 그들이 대답하였다. "일곱 개가 있습니다. 그리고 작은 물고기가 몇 마리 있습니다." 35 예수께서 무리에게 명하여 땅에 앉게 하시고 나서, 36 빵 일곱 개와 물고기를 들어서 감사 기도를 드리신 다음에, 떼어서 제자들에게 주시니, 제자들이 무리에게 나누어 주었다. 37 사람들이 모두 배불리 먹었다. 그리고 나서 남은 부스러기를 주워 모으니, 일곱 광주리에 가득 찼다. 38 먹은 사람은 여자들과 아이들 외에도, 남자만 사천 명이었다. 39 예수께서 무리를 헤쳐 보내신 뒤에, 배에 올라 마가단 지역으로 가셨다.

무리의 규모가 "남자만 사천 명"(38절)이라고 구체적으로 언급됩니다. 왜 여자와 아이들은 세지 않았나요? 당시 문화는 남성 중심이었습니다. 특히 공적인 영역에서는 더욱 그렇습니다. 따라서 사람의 수를 셀 때도 통상적으로 성인 남자들만 계산했습니다. 그러니까 일반적인 셈법을 자연스럽게 사용한 것입니다. 예수님의 설교와 치유 활동은 많은 추종자와 청중들을 끌고 다녔고, 그 속에는 여인들과 아이들도 많이 포함되어 있었습니다. '남자만 사천 명'이라는 표현 속에는 많은 여자와 아이들이 함께 있었다는 사실을 당시 사람들은 쉽게 추측했을 것입니다. 본문에서는 독자들을 위해 아예 그 사실을 밝혀두었습니다.

# { 제16장 }

## 표징 문제(막 8:11-13; 눅 12:54-56)

1 바리새파 사람들과 사두개파 사람들이 와서, 예수를 시험하느라고, 하늘로부터 내리는 표징을 자기들에게 보여달라고 요청하였다. 2 예수께서 그들에게 말씀하셨다. ["너희는 저녁때에는 '하늘이 붉은 것을 보니 내일은 날씨가 맑겠구나' 하고, 3 아침에는 '하늘이 붉고 흐린 것을 보니 오늘은 날씨가 궂겠구나' 한다. 너희는 하늘의 징조는 분별할 줄 알면서, 시대의 징조들은 분별하지 못하느냐?] 4 악하고 음란한 세대가 표징을 요구하지만, 이 세대는, 요나의 표징밖에는, 아무 표징도 받지 못할 것이다." 그러고 나서 예수께서는 그들을 남겨두고 떠나가셨다.

## 바리새파 사람들과 사두개파 사람들의 누룩(막 8:14-21)

5 ○ 제자들이 건너편에 이르렀는데, 그들은 빵을 가져오는 것을 잊었다. 6 예수께서 그들에게 말씀하셨다. "너희는 바리

**'하늘로부터 내리는 표징'(1절)은 무엇을 염두에 두고 한 말인가요?** 유대인들에게 하늘은 '하나님'을 우회적으로 일컫는 표현입니다. 마태복음서에 자주 언급되는 '하늘나라' 또한 하늘에 있는 나라가 아니라 "하늘에 계시는 하나님의 나라"라는 뜻입니다. 바로 눈앞에서 목격한 예수님의 수많은 기적을 무시한 채, 유대의 종교 지도자들은 하나님께서 주시는 표징, 곧 예수님이 하나님께서 보내신 분임을 증명할 수 있는 확실한 증거를 달라고 요구했습니다. 예수님을 알고자 하는 구도적인 탐구가 아니라 예수님을 '시험'해 고발할 구실을 찾으려는 몸짓이었습니다. 예수님께서는 그들의 영적 둔감함을 지적하며 그 요구를 거절하신 후 그들로부터 멀어지셨습니다.

새파 사람들과 사두개파 사람들의 누룩을 주의하고 경계하여라." 7 그들은 서로 수군거리며 말하였다. "우리가 빵을 가져오지 않았구나!" 8 예수께서 이것을 아시고 말씀하셨다. "믿음이 적은 사람들아, 어찌하여 너희는 빵이 없다는 것을 두고 서로 수군거리느냐? 9 너희는 아직도 깨닫지 못하느냐? 오천 명이 먹은 그 빵 다섯 개를 기억하지 못하느냐? 부스러기를 몇 광주리나 거두었더냐? 10 또한 사천 명이 먹은 그 빵 일곱 개를 기억하지 못하느냐? 부스러기를 몇 광주리나 거두었더냐? 11 내가 빵을 두고 너희에게 말한 것이 아님을, 너희는 어찌하여 깨닫지 못하느냐? 바리새파 사람들과 사두개파 사람들의 누룩을 경계하여라." 12 그제서야 그들은, 빵의 누룩이 아니라, 바리새파 사람들과 사두개파 사람들의 가르침을 경계하라고 하시는 말씀인 줄을 깨달았다.

## **베드로의 고백**(막 8:27-30; 눅 9:18-21)

13 ○ 예수께서 빌립보의 가이사랴 지방에 이르러서, 제자들에게 물으셨다. "사람들이 인자를 누구라고 하느냐?" 14 제자

**바리새파와 사두개파는 어떤 사람들인가요?** 당시 유대 사회의 대표적인 두 종파입니다. 사두개파는 대제사장을 중심으로 형성된 성전 세력으로, 유대 사회의 정치적 실세였습니다. 바리새파는 일종의 평민 운동으로, 유대 사회를 율법에 기초한 거룩한 나라로 만들려는 열정이 컸습니다. 바리새파와 달리 사두개파는 모세오경(구약성경의 첫 다섯 책. 창세기, 출애굽기, 레위기, 민수기, 신명기)만을 성경으로 믿었고, 부활이나 천사의 존재, 신의 섭리와 같은 개념을 받아들이지 않았습니다. 이 두 부류는 신학적으로나 정치적으로 서로 결이 많이 달랐지만, 예수님을 제거해야 한다는 공통의 필요 때문에 전략적으로 제휴한 것으로 보입니다.

들이 대답하였다. "세례자 요한이라고 하는 사람들도 있고, 엘리야라고 하는 사람들도 있고, 예레미야나 예언자들 가운데에 한 분이라고 하는 사람들도 있습니다." 15 예수께서 그들에게 물으셨다. "그러면 너희는 나를 누구라고 하느냐?" 16 시몬 베드로가 대답하였다. "선생님은 살아계신 하나님의 아들 그리스도십니다." 17 예수께서 그에게 말씀하셨다. "시몬 바요나야, 너는 복이 있다. 너에게 이것을 알려주신 분은, 사람이 아니라, 하늘에 계신 나의 아버지시다. 18 나도 너에게 말한다. 너는 베드로다. 나는 이 반석 위에다가 내 교회를 세우겠다. 죽음의 문들이 그것을 이기지 못할 것이다. 19 내가 너에게 하늘나라의 열쇠를 주겠다. 네가 무엇이든지 땅에서 매면 하늘에서도 매일 것이요, 땅에서 풀면 하늘에서도 풀릴 것이다." 20 그때에 예수께서 제자들에게 엄명하시기를, 자기가 그리스도라는 것을 아무에게도 말하지 말라고 하셨다.

### 죽음과 부활을 처음으로 예고하시다(막 8:31-9:1; 눅 9:22-27)

21 ○ 그때부터 예수께서는, 자기가 반드시 예루살렘에 올라

**베드로의 고백에 나오는 '그리스도'(16절)는 어떤 의미인가요?** 그리스도는 '기름 부음을 받은 자'라는 뜻으로, 히브리어인 '메시아'의 헬라어 번역입니다. 구약 시대에는 하나님의 부르심을 받은 왕이나 제사장 같은 인물에게 기름을 부었습니다. 당시 유대인들은 하나님께서 다윗에게 주신 약속대로 장차 이스라엘을 구원하기 위해 '다윗의 후손'을 보내실 것이라고 기대했습니다(삼하 7:12-16). 신약성경의 메시아 곧 그리스도는 이 희망을 집약한 표현입니다. 본문에서 베드로를 위시한 제자들은 나사렛 예수님께서 바로 그 약속된 메시아요 하나님의 아들이라고 고백합니다. 복음서에서 매우 결정적인 장면 중 하나라 할 수 있습니다.

가야 하며, 장로들과 대제사장들과 율법학자들에게 많은 고난을 받고 죽임을 당해야 하며, 사흘째 되는 날에 살아나야 한다는 것을, 제자들에게 밝히기 시작하셨다. 22 이에 베드로가 예수를 따로 붙들고 "주님, 안 됩니다. 절대로 이런 일이 주님께 일어나서는 안 됩니다" 하고 말하면서 예수께 대들었다. 23 그러나 예수께서는 돌아서서, 베드로에게 말씀하셨다. "사탄아, 내 뒤로 물러가라. 너는 나에게 걸림돌이다. 너는 하나님의 일을 생각하지 않고, 사람의 일만 생각하는구나!"

24 ○ 그때에 예수께서는 제자들에게 말씀하셨다. "누구든지 나를 따라오려거든, 자기를 부인하고, 제 십자가를 지고, 나를 따라오너라. 25 누구든지 자기 목숨을 구하고자 하는 사람은 잃을 것이요, 나 때문에 자기 목숨을 잃는 사람은 찾을 것이다. 26 사람이 온 세상을 얻고도 제 목숨을 잃으면, 무슨 이득이 있겠느냐? 또 사람이 제 목숨을 되찾는 대가로 무엇을 내놓겠느냐? 27 인자가 자기 아버지의 영광에 싸여, 자기 천사들을 거느리고 올 터인데, 그때에 그는 각 사람에게, 그 행실대로 갚아줄 것이다. 28 내가 진정으로 너희에게 말한다. 여기에

예수님은 고난을 받고 죽게 될 것이라는 자신의 운명을 어떻게 알게 되었나요? 예수님께서 언제부터 메시아로서 자의식(自意識)을 가지셨는지는 우리가 답할 수 없습니다. 그러나 공적 무대에 나설 때 예수님께서는 이미 선명한 소명의식을 보여주십니다. 활동을 시작할 무렵 예수님께서는 요한에게 세례를 받으셨는데, 물에서 올라올 때 성령을 덧입고 하늘의 음성을 통해 '하나님의 아들'로 공인을 받으십니다(3:16–17). 그리고 광야에서의 시험을 통해 메시아로서 자질을 검증받으십니다(4:1–11). 그러나 당시 유대인들의 기대 속에서 '고난받는 메시아(왕)' 사상은 소화하기 어려운 모순입니다. 그래서 예수님께서는 제자들의 고백 이후에야 고난의 필연성에 대해 말씀하십니다.

서 있는 사람들 가운데는, 죽음을 맛보지 않고 살아서, 인자가 자기 왕권을 차지하고 오는 것을 볼 사람들도 있다."

## { 제17장 }

### **예수의 변모**(막 9:2–13; 눅 9:28–36)

1 그리고 엿새 뒤에, 예수께서는 베드로와 야고보와 그의 동생 요한을 따로 데리고서 높은 산에 올라가셨다. 2 그런데 그들이 보는 앞에서 그의 모습이 변하였다. 그의 얼굴은 해와 같이 빛나고, 옷은 빛과 같이 희게 되었다. 3 그리고 모세와 엘리야가 그들에게 나타나더니, 예수와 더불어 말을 나누었다. 4 그때에 베드로가 예수께 말하였다. "선생님, 우리가 여기에 있는 것이 좋습니다. 원하시면, 제가 여기에다가 초막을 셋 지어서, 하나에는 선생님을, 하나에는 모세를, 하나에는 엘리야를 모시도록 하겠습니다." 5 베드로가 아직도 말을

**예수님의 제자 중 베드로가 자주 등장합니다. 그는 제자들 중 가장 촉망받는 인물이었나요?** 열두 제자 중에서도 베드로, 야고보와 요한은 예수님의 최측근이었고, 그중에서도 베드로가 가장 중심에 있었습니다. 그렇지만 그가 남달리 탁월했다거나 특별했다고 말할 만한 근거는 없습니다. 제자 대표로 예수님이 그리스도라는 멋진 고백을 했지만, 예수님의 고난을 이해하지 못하고 대들다가 "사탄아, 내 뒤로 물러가라!" 하는 꾸지람을 듣기도 합니다. 또 그는 죽는 한이 있어도 끝까지 예수님을 따르겠다고 큰소리쳤지만, 세 번씩이나 예수님을 부인합니다(26:69–75). 그가 제자들의 대표요 초대교회의 지도자가 된 것은 그의 자질보다는 예수님의 선택 덕분이었습니다.

하고 있는데, 갑자기 빛나는 구름이 그들을 뒤덮었다. 그리고 구름 속에서 "이는 내 사랑하는 아들이다. 나는 그를 좋아한다. 너희는 그의 말을 들어라" 하는 소리가 들려왔다. 6 제자들은 이 말을 듣고서, 얼굴을 땅에 대고 엎드렸으며, 몹시 두려워하였다. 7 예수께서 가까이 오셔서, 그들에게 손을 대시고 말씀하셨다. "일어나거라. 두려워하지 말아라." 8 그들이 눈을 들어서 보니, 예수밖에는 아무도 없었다.

9 ○ 그들이 산에서 내려올 때에, 예수께서 그들에게 명하셨다. "인자가 죽은 사람들 가운데서 살아날 때까지는, 그 광경을 아무에게도 말하지 말아라." 10 제자들이 예수께 물었다. "그런데 율법학자들은 어찌하여 엘리야가 먼저 와야 한다고 합니까?" 11 예수께서 대답하셨다. "확실히, 엘리야가 와서, 모든 것을 회복시킬 것이다. 12 내가 너희에게 말한다. 엘리야는 이미 왔다. 그러나 사람들이 그를 알지 못하고, 그를 함부로 대하였다. 인자도 이와 같이, 그들에게 고난을 받을 것이다." 13 그제서야 비로소 제자들은, 예수께서 세례자 요한을 두고 하신 말씀인 줄을 깨달았다.

**예수님은 산에서 있었던 일에 대해 함구령을 내립니다. 굳이 그렇게 한 이유는 무엇인가요?** 이 사건은 예수님의 초월적 영광이 가장 명시적으로 드러난 사건입니다. 안 그래도 지금 대중들은 예수님의 새로운 가르침과 그분을 통해 나타나는 놀라운 기적들을 경험하며 예수님에게 비상한 관심과 기대를 품고 있습니다. 그분이 바로 로마의 압제에서 이스라엘을 건져낼 '다윗의 후손'이라는 기대입니다. 예수님의 초월적 영광에 관한 소문은 그런 대중의 열망에 기름을 붓는 격이 될 것입니다. 물론 이는 고난당하는 메시아인 예수님의 행보를 그만큼 더 어렵게 만들 것입니다. 제자들에게는 잠시 드러난 영광이지만, 아직은 공개적으로 드러낼 수 없는 진실입니다. 예수님께서 건너셔야 할 십자가라는 강이 아직 남아 있기 때문입니다.

## 귀신 들린 아이를 고치시다(막 9:14-29; 눅 9:37-43상반)

14 ○ 그들이 무리에게 오니, 한 사람이 예수께 다가와서 무릎을 꿇고 말하였다. 15 "주님, 내 아들을 불쌍히 여겨주십시오. 간질병으로 몹시 고통받고 있습니다. 자주 불 속에 빠지기도 하고, 물속에 빠지기도 합니다. 16 그래서 아이를 선생님의 제자들에게 데리고 왔으나, 그들은 고치지 못하였습니다." 17 예수께서 말씀하셨다. "아! 믿음이 없고 비뚤어진 세대여, 내가 언제까지 너희와 같이 있어야 하겠느냐? 내가 언제까지 너희에게 참아야 하겠느냐? 아이를 내게 데려오너라." 18 그리고 예수께서 귀신을 꾸짖으셨다. 그러자 귀신이 아이에게서 나가고, 아이는 그 순간에 나았다. 19 그때에 제자들이 따로 예수께 다가가서 물었다. "우리는 어찌하여 귀신을 쫓아내지 못했습니까?" 20 예수께서 그들에게 대답하셨다. "너희의 믿음이 적기 때문이다. 내가 진정으로 너희에게 말한다. 너희에게 겨자씨 한 알만 한 믿음이라도 있으면, 이 산더러 '여기에서 저기로 옮겨가라!' 하면 그대로 될 것이요, 너희가 못 할 일이 없을 것이다." 21 (없음)

**21절은 "없음"이라고 따로 표기되어 있습니다. 굳이 이렇게 빈 구절을 표기해놓은 게 이상합니다. 성경도 완전한 책은 아닌 건가요?** 신약성경은 친필 원고가 모두 사라지고, 대신 손으로 베낀 필사본(筆寫本)이 여럿 남아 있습니다. 사본이라 다른 부분이 많아, 정밀한 비교와 검증의 과정을 거쳐 원문을 '복원'해야 합니다. 그런데 19-20세기에 중요한 사본들이 많이 발견되었고, 치밀한 연구 결과 성경 속의 여러 구절이 초기의 사본들에는 없다는 사실이 확인되었습니다. 그래서 그 구절을 뺐습니다. 하지만 이미 오래전에 정해져 내려온 장절 구분을 다 고칠 수는 없다 보니, 해당 절 번호를 비워두고 대신 "없음"이라 적었습니다. 하나님의 완전함은 말씀에 담긴 진리에서 드러나는 것이지, 특별한 '마술적' 전승 과정에서 생겨나는 것은 아닙니다.

## 죽음과 부활을 다시 예언하시다(막 9:30-32; 눅 9:43하반-45)

22 ○ 제자들이 갈릴리에 모여 있을 때에, 예수께서 그들에게 말씀하셨다. "인자가 곧 사람들의 손에 넘어갈 것이다. 23 사람들은 그를 죽일 것이다. 그런데 그는 사흘째 되는 날에 살아날 것이다." 그렇게 말씀하시니, 그들은 몹시 슬퍼하였다.

## 성전세를 내시다

24 ○ 그들이 가버나움에 이르렀을 때에, 성전세를 거두어들이는 사람들이 베드로에게 다가와서 물었다. "여러분의 선생은 성전세를 바치지 않습니까?" 25 베드로가 대답하였다. "바칩니다." 베드로가 집에 들어가니, 예수께서 먼저 말씀을 꺼내셨다. "시몬아, 네 생각은 어떠냐? 세상 임금들이 관세나, 주민세를 누구한테서 받아들이느냐? 자기 자녀한테서냐? 아니면, 남들한테서냐?" 26 베드로가 대답하였다. "남들한테서입니다." 예수께서 다시 그에게 말씀하셨다. "그러면 자녀들은 면제받는다. 27 그러나 우리가 그들을 걸려 넘어지지 않도록 해야 하니,

**성전세라는 것은 무엇인가요?** '성전세'는 헬라어로 '디드라크마' 곧 '두 드라크마'입니다. 로마의 주민세일 수도 있지만, 대부분의 학자들은 유대인 남자들이 매년 내는 반 세겔의 성전세라고 생각합니다. 구약성경의 출애굽기 30장 11-15절과 38장 25-26절, 느헤미야기 10장 32-33절 등에 근거한 제도입니다. 예수님 당시에도 여전히 통용되었던 그리스 화폐인 드라크마는 로마 화폐 데나리우스(데나리온)와 거의 같은 가치입니다. 두 드라크마는 성인 남자의 이틀 치 급료에 해당합니다. 26절에서 예수님의 대답은 하나님의 아들이신 예수님께서는 자기 아버지의 성전에 세금을 낼 필요가 없다는 말씀입니다.

네가 바다로 가서 낚시를 던져, 맨 먼저 올라오는 고기를 잡아서 그 입을 벌려보아라. 그러면 은전 한 닢이 그 속에 있을 것이다. 그것을 가져다가 나와 네 몫으로 그들에게 내어라."

## { 제18장 }

### 하늘나라에서 가장 큰 사람(막 9:33-37; 눅 9:46-48)

1 그때에 제자들이 예수께 다가와서 물었다. "하늘나라에서는 누가 가장 큰 사람입니까?" 2 예수께서 어린이 하나를 곁으로 불러서, 그들 가운데 세우시고 3 말씀하셨다. "내가 진정으로 너희에게 말한다. 너희가 돌이켜서 어린이들과 같이 되지 않으면, 절대로 하늘나라에 들어가지 못할 것이다. 4 그러므로 누구든지 이 어린이와 같이 자기를 낮추는 사람이 하늘나라에서는 가장 큰 사람이다. 5 또 누구든지 내 이름으로 이런 어린이 하나를 영접하면, 나를 영접하는 것이다."

**"어린이 하나를 영접하면 나를 영접하는 것"(5절)이라는 말의 의미는 무엇인가요?**
여기서 어린이는 "누가 크냐?"라는 물음에 답하기 위한 시청각 교재입니다. 문맥상 순진함이나 겸손함 같은 주관적인 자질이 아니라(물론 사악한 아이도 많습니다), 한 사회에서 아이가 갖는 위상 곧 '비천함'을 가리킵니다. 자기주장을 내려놓고 비천한 존재로 하나님의 은혜를 사모하는 사람, 곧 '자기를 낮추는 사람'만이 천국에 들어갑니다. 제자는 스스로도 그런 사람이어야 하고, 또 그런 '아이'를 환대하는 사람이어야 합니다(5절). 세속적 욕망에 이끌린 경쟁 속에서 자신을 높이려고 '아이'와 같은 사람을 업신여긴다면 하나님의 심판을 피하지 못할 것입니다(6-10절). 어떤 희생이 따르더라도, 그런 태도는 반드시 피해야 합니다(8-9절).

## 죄의 유혹(막 9:42-48; 눅 17:1-2)

6 ○ "나를 믿는 이 작은 사람 가운데서 하나라도 걸려 넘어지게 하는 사람은, 누구라도, 차라리 그 목에 큰 맷돌을 달고 깊은 바다에 빠지는 편이 낫다. 7 사람을 걸려 넘어지게 하는 일 때문에 세상에는 화가 있다. 걸려 넘어지게 하는 일이 없을 수는 없으나, 걸려 넘어지게 하는 일을 일으키는 그 사람에게는 화가 있다."
8 ○ "네 손이나 발이 너를 걸려 넘어지게 하거든, 그것을 찍어서 내버려라. 네가 두 손과 두 발을 가지고 영원한 불 속에 들어가는 것보다는, 차라리 손이나 발 없는 채로 생명에 들어가는 편이 낫다. 9 또 네 눈이 너를 걸려 넘어지게 하거든, 빼어 버려라. 네가 두 눈을 가지고 불붙는 지옥에 들어가는 것보다는, 차라리 한 눈으로 생명에 들어가는 편이 낫다."

## 잃은 양의 비유(눅 15:3-7)

10 ○ "너희는 이 작은 사람들 가운데서 한 사람이라도 업신여기

**지옥에 가느니 신체 일부를 버리는 게 낫다는 예수님의 말씀은 매우 극단적으로 들립니다. 그만큼 중요하다고 강조하기 위해 일부러 그렇게 이야기한 건가요?** 과장법은 예수님께서 애용하신 화법입니다. 실제보다 과장해서 놓치기 쉬운 대목을 강조하는 논법입니다. 바늘귀로 들어가는 낙타, 눈에 들어간 들보 등이 그렇습니다. 본문의 다소 '엽기적인' 이미지도 마찬가지입니다. 신체 부위를 제거하는 것이 문제의 해법은 아닙니다. 욕망은 마음에서 나와 사람을 움직이며(15:18-20), 신체 부위는 그 욕망의 행동 대장에 불과합니다. 예수님의 말씀은 죄를 피하기 위해서는 신체 부위를 절단할 정도의 절박함과 철저함이 필요하다는 것입니다. 물론 신체 일부(미미한 것)를 잃는 것과 영원한 생명(큰 것)을 상실하는 것 사이의 대조도 관찰할 수 있습니다.

지 않도록 조심하여라. 내가 너희에게 말한다. 하늘에서 그들의 천사들이 하늘에 계신 내 아버지의 얼굴을 늘 보고 있다. 11 (없음) 12 너희는 어떻게 생각하느냐? 어떤 사람에게 양 백 마리가 있는데, 그 가운데 한 마리가 길을 잃었다고 하면, 그는 아흔아홉 마리를 산에다 남겨두고서, 길을 잃은 그 양을 찾아 나서지 않겠느냐? 13 내가 너희에게 말한다. 그가 그 양을 찾으면, 길을 잃지 않은 아흔아홉 마리 양보다, 오히려 그 한 마리 양을 두고 더 기뻐할 것이다. 14 이와 같이, 이 작은 사람들 가운데서 하나라도 망하는 것은, 하늘에 계신 너희 아버지의 뜻이 아니다."

## 용서하라(눅 17:3)

15 ○ "네 형제가 [너에게] 죄를 짓거든, 가서, 단 둘이 있는 자리에서 그에게 충고하여라. 그가 너의 말을 들으면, 너는 그 형제를 얻은 것이다. 16 그러나 듣지 않거든, 한두 사람을 더 데리고 가거라. 그가 하는 모든 말을, 두세 증인의 입을 빌려

**이스라엘 사람들에게 이방 사람이나 세리는 절대로 상대해서는 안 될 존재였나요? 교회의 말을 듣지 않는 사람을 이방 사람이나 세리와 같이 여기라니요.** 여기서 '이방인과 세리'는 유대인들이 경멸과 비하의 뜻을 담아 사용했던 관용어법에 해당합니다. 하나님께서 택하신 백성이라는 선명한 정체성을 가졌던 유대인들은 타 민족을 '이방 죄인'으로 차별하며 경멸했습니다. 또 유대 사회에서 세리는 로마라는 이방 권력에 기대서 하나님의 백성인 동족의 고혈을 빨아먹는 암적인 존재로 간주되었습니다. 두 범주 모두 부정(不淨)한 존재로 여겨졌기 때문에 내가 깨끗하려면 멀리해야 할 대상이었습니다. 누가복음서에는 성전에서 세리로부터 멀찍이 떨어져 기도하는 바리새인 이야기가 나옵니다(눅 18:9–14). 예수님께서는 팔을 벌려 이들을 환영하셨지만, 이들의 회개를 원하신 것이지, 이들의 악함을 용인하신 것은 결코 아닙니다.

서 확정 지으려는 것이다. 17 그러나 그 형제가 그들의 말도 듣지 않거든, 교회에 말하여라. 교회의 말조차 듣지 않거든, 그를 이방 사람이나 세리와 같이 여겨라."

18 ○ "내가 진정으로 너희에게 말한다. 무엇이든지, 너희가 땅에서 매는 것은 하늘에서도 매일 것이요, 땅에서 푸는 것은 하늘에서도 풀릴 것이다. 19 내가 [진정으로] 거듭 너희에게 말한다. 땅에서 너희 가운데 두 사람이 합심하여 무슨 일이든지 구하면, 하늘에 계신 내 아버지께서 그들에게 이루어주실 것이다. 20 두세 사람이 내 이름으로 모여 있는 자리, 거기에 내가 그들 가운데 있다."

## 용서할 줄 모르는 종의 비유

21 ○ 그때에 베드로가 예수께 다가와서 말하였다. "주님, 내 형제가 나에게 자꾸 죄를 지으면, 내가 몇 번이나 용서하여주어야 합니까? 일곱 번까지 하여야 합니까?" 22 예수께서 대답하셨다. "일곱 번만이 아니라, 일흔 번을 일곱 번이라도 하

**7번, 70번 같은 숫자는 유대인들에게 특별한 의미가 있나요?** 용서하라는 말씀 자체는 선명하지만, 용서의 한계는 쉬운 문제가 아닙니다. 일곱은 결코 적지 않습니다. 같은 잘못이 한두 번을 넘으면 의도적이라는 뜻인데, 그걸 알고서도 용서하기는 쉽지 않습니다. 베드로는 매우 높은 수준이라도 용서의 한계를 설정하려 했습니다. 그렇게 해서라도 심리적 부담을 줄이려고 했을지도 모릅니다. 여기서 예수님의 답은 '일흔 번을 일곱 번'일 수도 있고 '일흔일곱 번'일 수도 있지만, 논점은 동일합니다. 용서에는 한계가 없다는 것입니다. 용서하라는 하나님의 명령에 우리가 한계를 설정할 수 없습니다. 우리를 향한 하늘 아버지의 용서가 계속되는 한, 이웃을 향한 우리의 용서 역시 한계가 없어야 합니다. 선명하지만, 참 어려운 말씀입니다.

여야 한다.

23 ○ 그러므로, 하늘나라는 마치 자기 종들과 셈을 가리려고 하는 어떤 왕과 같다. 24 왕이 셈을 가리기 시작하니, 만 달란트 빚진 종 하나가 왕 앞에 끌려왔다. 25 그런데 그는 빚을 갚을 돈이 없으므로, 주인은 그 종에게, 자신과 그 아내와 자녀들과 그 밖에 그가 가진 것을 모두 팔아서 갚으라고 명령하였다. 26 그랬더니 종이 그 앞에 무릎을 꿇고, '참아주십시오. 다 갚겠습니다' 하고 애원하였다. 27 주인은 그 종을 가엾게 여겨서, 그를 놓아주고, 빚을 없애주었다. 28 그러나 그 종은 나가서, 자기에게 백 데나리온 빚진 동료 하나를 만나자, 붙들어서 멱살을 잡고 말하기를 '내게 빚진 것을 갚아라' 하였다. 29 그 동료는 엎드려 간청하였다. '참아주게. 내가 갚겠네.' 30 그러나 그는 들어주려 하지 않고, 가서 그 동료를 감옥에 집어넣고, 빚진 돈을 갚을 때까지 갇혀 있게 하였다. 31 다른 종들이 이 광경을 보고, 매우 딱하게 여겨서, 가서 주인에게 그 일을 다 일렀다. 32 그러자 주인이 그 종을 불러다 놓고 말하였다. '이 악한 종아, 네가 애원하기에, 나는 너에게 그 빚을 다 없애주었다. 33 내가 너를 불쌍히 여긴 것처럼, 너도 네 동

+달란트 : 로마의 화폐인 달란트(라틴어로 탈렌툼)는 6,000데나리온에 해당한다. 20장 2절의 말씀대로 당시 남자의 하루 품삯이 한 데나리온이라면, 한 달란트는 안식일을 빼고 거의 20년 동안 일해야 만질 수 있는 돈이다. 이를 셈해보면 결국 만 달란트는 20만 년 치 급료에 해당한다. 이 표현은 예수님 특유의 과장법이다.

+데나리온 : 로마 화폐 데나리우스의 헬라어 표기. 헬라의 화폐 드라크마와 거의 같은 가치를 지닌다. 복음서에는 남자의 하루 급료가 한 데나리온이라고 기록되었다. 따라서 100데나리온은 일상에 자주 등장할 법한 지극히 현실적인 액수를 뜻한다. 본문에서는 일만 달란트라는 비현실적인 액수와 강하게 대조된다.

료를 불쌍히 여겼어야 할 것이 아니냐?' 34 주인이 노하여, 그를 형무소 관리에게 넘겨주고, 빚진 것을 다 갚을 때까지 가두어두게 하였다. 35 너희가 각각 진심으로 자기 형제자매를 용서해주지 않으면, 나의 하늘 아버지께서도 너희에게 그와 같이 하실 것이다."

**만 달란트 빚진 자와 백 데나리온 빚진 자의 비유가 말하고자 하는 것은 무엇인가요?** 만 달란트는 당시 성인 남자가 20만 년 동안 일했을 때 받을 수 있는 급료입니다. 어디서 빌릴 수도, 갚을 수도 없는 큰돈입니다. 이 과장법의 핵심은 갚을 수 없는 빚을 졌다는 것, 그런데도 왕은 법적 조치 대신 그냥 용서해주었다는 점입니다. 이것이 바로 은혜입니다. 그런데 그 종은 백 데나리온 빚진 동료를 용서하지 않고 감방에 보냈습니다. 합법적인 조치지만, '용서받은 자'로서 합당한 행동은 아닙니다. 왕은 이처럼 은혜를 무시하는 행태를 용납하지 않습니다. 대신 그 종이 스스로 한 행동에 맞도록, 용서를 취소하고 그를 심판에 처합니다. 하나님의 은혜는 조건 없이 주어지지만, 그것은 새 삶을 살라는 요구이자 가능성으로 옵니다. 바울 식으로 표현하자면, 이 은혜의 통치에 순종하라는 것입니다. 은혜에 담긴 뜻을 거부하면서 은혜를 누리려는 것은 오만한 환상입니다.

# { 제19장 }

## 이혼 문제(막 10:1-12)

1 예수께서 이 말씀을 마치시고, 갈릴리를 떠나서, 요단강 건너편 유대 지방으로 가셨다. 2 많은 무리가 예수를 따라왔다. 예수께서는 거기서 그들을 고쳐주셨다.

3 ○ 바리새파 사람들이 예수께 다가와서, 그를 시험하려고 물었다. "무엇이든지 이유만 있으면, 남편이 아내를 버려도 됩니까?" 4 예수께서 대답하셨다. "사람을 창조하신 분이 처음부터 그들을 남자와 여자로 지으셨다는 것과, 5 그리고 그가 말씀하시기를 '그러므로 남자는 아버지와 어머니를 떠나서, 자기 아내와 합하여서 둘이 한 몸이 될 것이다' 하신 것을, 너희는 아직 읽어보지 못하였느냐? 6 그러므로 그들은 이제 둘이 아니라 한 몸이다. 하나님이 짝지어주신 것을 사람이 갈라놓아서는 안 된다." 7 그들이 예수께 말하였다. "그러면, 어찌하여 모세는, 이혼증서를 써주고 아내를 버리라고 명령하였습니

**이혼에 대한 예수님의 입장은 무엇인가요?** 당시 이혼은 남자들만의 권리였지만, 랍비들도 서로 견해가 달랐습니다. 샴마이 학파는 이혼 사유를 외도에 국한했지만, 힐렐 학파는 밥만 태워도 이혼을 허용했습니다. 심지어는 아내보다 더 마음에 드는 여자를 만나도 이혼할 수 있다고 가르친 랍비도 있었습니다. 그러나 예수님께서는 매우 엄격한 기준을 제시하셨습니다. 하나님께서 결혼 제도를 만드셨다면 그 자체로 이혼은 불가능합니다. 당시 남자들이 이혼 방법으로 간주한 '이혼증서'는 남자들의 사악함 때문에 생겨난 것이고, 그것도 이혼당한 여인을 위한 법적 보호 장치에 가깝습니다. 따라서 마태복음서의 예수님께서는 '아내가 외도한 경우가 아니라면' 이혼하지 말라고 가르치십니다. 당시 상황에서는 아내의 권리를 최대한 존중하라는 말씀입니다.

까?" 8 예수께서 대답하셨다. "모세는 너희의 마음이 완악하기 때문에 아내를 버리는 것을 허락하여준 것이지, 본래부터 그랬던 것은 아니다. 9 내가 너희에게 말한다. 음행한 까닭이 아닌데도 아내를 버리고 다른 여자에게 장가드는 사람은, 누구나 간음하는 것이다." 10 제자들이 예수께 말하였다. "남편과 아내 사이가 그러하다면, 차라리 장가들지 않는 것이 좋겠습니다." 11 예수께서 그들에게 말씀하셨다. "누구나 다 이 말을 받아들이지는 못한다. 다만, 타고난 사람들만이 받아들인다. 12 모태로부터 그렇게 태어난 고자도 있고, 사람이 고자로 만들어서 된 고자도 있고, 또 하늘나라 때문에 스스로 고자가 된 사람도 있다. 이 말을 받아들일 수 있는 사람은 받아들여라."

## 어린이를 축복하시다(막 10:13–16; 눅 18:15–17)

13 ○ 그때에 사람들이 예수께 어린이들을 데리고 와서, 손을 얹어서 기도하여주시기를 바랐다. 그런데 제자들이 그들을 꾸짖었다. 14 그러나 예수께서 말씀하셨다. "어린이들이 내게 오는

어린이를 보는 예수님의 시각이 돋보입니다. 어린이에 대한 당시의 일반적인 시각과 예수님의 시각은 어떤 차이가 있나요? 어린이가 '낮은 자'에 대한 일종의 비유로 사용되었던 18장과 달리, 여기서는 어린이들이 먼저 등장합니다. 예수님께 감화를 받은 부모들이 자기 아이들을 데려와 기도해달라 부탁하는 것은 자연스럽습니다. 하지만 아이들은 도움 될 것도 없는 데다가 난장판의 달인들인지라, 제자들로서는 예수님의 활동 무대를 가능하다면 '노 키즈 존'(No-Kids Zone)으로 만들고 싶었을 겁니다. 하지만 예수님은 달랐습니다. 천국은 아이들처럼 사회적 위상이 없는 자들의 것입니다. 그런 면에서 아이들은 제자들과 가장 닮은 존재이기도 합니다. 아마도 그래서 예수님께서는 더더욱 스스럼없이 아이들과 어울리셨을 것입니다.

것을 허락하고, 막지 말아라. 하늘나라는 이런 어린이들의 것이다." 15 그리고 그들에게 손을 얹어주시고, 거기에서 떠나셨다.

## 부자 젊은이(막 10:17-31; 눅 18:18-30)

16 ○ 그런데 한 사람이 예수께 다가와서 물었다. "선생님, 내가 영원한 생명을 얻으려면, 무슨 선한 일을 해야 합니까?" 17 예수께서 그에게 말씀하셨다. "어찌하여 너는 나에게 선한 일을 묻느냐. 선한 분은 한 분이다. 네가 생명에 들어가기를 원하면, 계명들을 지켜라." 18 그가 예수께 물었다. "어느 계명들을 지켜야 합니까?" 예수께서 대답하셨다. "살인하지 말아라. 간음하지 말아라. 도둑질하지 말아라. 거짓 증언을 하지 말아라. 19 아버지와 어머니를 공경하여라. 그리고, 네 이웃을 네 몸과 같이 사랑하여라." 20 그 젊은이가 예수께 말하였다. "나는 이 모든 것을 다 지켰습니다. 아직도 무엇이 부족합니까?" 21 예수께서 그에게 말씀하셨다. "네가 완전한 사람이 되려고 하면, 가서 네 소유를 팔아서, 가난한 사람에게 주어라.

**영원한 생명을 얻고자 하는 사람에게 예수님은 여러 계명을 지키라고 말합니다. 영원한 생명은 계명을 지키면 얻을 수 있나요?** 순종은 중요합니다. 천국은 말씀을 듣고 끝내는 사람이 아닌, 듣고 실천하는 사람의 것입니다(7:21). 문제는 젊은이가 계명을 '지키려' 한 것이 아니라, 중요한 것을 빼먹고는 다 지켰다고 착각한 것입니다. 예수님께서는 그 점을 꼬집으십니다. 율법의 핵심은 이웃을 향한 사랑입니다. 그런데 '부자' 청년은 주어진 재산으로 함께 사는 법을 모색하지 않았습니다. 그래서 예수님께서는 "다 팔아 나눠주라"고, 그리고 "나를 따르라"고 제안하십니다. 손해 볼 것 없는 편리한 순종의 몸짓이 아니라, 전적으로 하나님을 의지하고 하늘의 보화를 사모하는 참된 순종을 추구하라는 가르침입니다.

그리하면, 네가 하늘에서 보화를 차지하게 될 것이다. 그리고, 와서 나를 따라라." 22 그러나 그 젊은이는 이 말씀을 듣고, 근심을 하면서 떠나갔다. 그에게는 재산이 많았기 때문이다.
23 ○ 예수께서 제자들에게 말씀하셨다. "내가 진정으로 너희에게 말한다. 부자는 하늘나라에 들어가기가 어렵다. 24 내가 다시 너희에게 말한다. 부자가 하나님 나라에 들어가는 것보다 낙타가 바늘귀로 지나가는 것이 더 쉽다." 25 제자들이 이 말씀을 듣고, 깜짝 놀라서, 말하였다. "그러면, 누가 구원을 얻을 수 있습니까?" 26 예수께서 그들을 눈여겨보시고, 말씀하셨다. "사람은 이 일을 할 수 없으나, 하나님은 무슨 일이나 다 하실 수 있다." 27 이 말씀을 듣고, 베드로가 예수께 말하였다. "보십시오, 우리는 모든 것을 버리고, 선생님을 따랐습니다. 그러니, 우리가 무엇을 받겠습니까?" 28 예수께서 그들에게 말씀하셨다. "내가 진정으로 너희에게 말한다. 새 세상에서 인자가 자기의 영광스러운 보좌에 앉을 때에, 나를 따라온 너희도 열두 보좌에 앉아서, 이스라엘 열두 지파를 심판할 것이다. 29 내 이

**부자 젊은이의 질문과 이후에 이어진 이야기는 마치 행위로 구원받을 수 있다는 것으로 들립니다. 정말 그런가요?** 최종적인 구원은 우리의 순종을 요구합니다. 하나님께서는 우리의 행위를 살피는 분이시기 때문입니다. 그래서 바울도 순종하지 않는 사람은 하나님 나라를 상속받을 수 없다고 자주 경고합니다(갈 5:21; 고전 6:9–10). 하나님의 구원은 '아무에게나' 주어지지만, 그렇다고 '아무렇게나' 주어지는 것은 아닙니다. 18장과 22장의 비유가 가르치는 것처럼, 조건 없이 주어지는 하나님의 은혜는 새로운 삶을 위한 명령과 능력을 품고 옵니다. 그래서 바울은 은혜를 새로운 삶의 공간이자 우리를 통치하는 능력이라 말합니다(롬 5:2, 21; 6:14–15). 예수 그리스도를 믿음으로 주어지는 구원은 모든 인간적인 차별을 철폐합니다. 그리고 하나님의 생명의 능력으로 우리를 소환합니다. 이 새 생명의 능력이 복음의 핵심입니다.

름을 위하여 집이나 형제나 자매나 아버지나 어머니나 자식이나 땅을 버린 사람은, 백 배나 받을 것이요, 또 영원한 생명을 물려받을 것이다. 30 그러나, 첫째가 된 사람들이 꼴찌가 되고, 꼴찌가 된 사람들이 첫째가 되는 경우가 많을 것이다."

## { 제20장 }

### 포도원의 품꾼들

1 "하늘나라는 자기 포도원에서 일할 일꾼을 고용하려고 이른 아침에 집을 나선 어떤 포도원 주인과 같다. 2 그는 품삯을 하루에 한 데나리온으로 일꾼들과 합의하고, 그들을 자기 포도원으로 보냈다. 3 그러고서 아홉 시쯤에 나가서 보니, 사람들이 장터에 빈둥거리며 서 있었다. 4 그는 그들에게 말하기를 '여러분도 포도원에 가서 일을 하시오. 적당한 품삯을 주겠소' 하였

**노동한 만큼 받는 것이 정당한 것으로 보이는데, 예수님은 다른 원칙을 제시합니다. 이것의 의미는 무엇인가요?** 예수님께서 말씀하신 천국 비유는 일상을 위한 교훈이 아닙니다. 이 비유도 마찬가지입니다. 누구는 열심히 일하고 약속된 돈을 받는데, 누구는 일도 별로 안 하고 같은 돈을 받습니다. 나는 손해 본 게 없지만, 다른 사람은 '날로 먹습니다'. '일한 만큼 받는' 데 익숙한 일꾼들은 날로 먹는 사람을 보며 불평합니다. 그러나 주인은 "타인에게 베푼 은혜가 너의 손해는 아니지 않느냐"고 되묻습니다. 조건이 없다는 점에서 하나님의 은혜는 불편합니다. 특히 '남다른' 권리를 주장하는 특권층에겐 더 그렇습니다. 그래서 은혜는 자주 거부되고, 결과적으로 역전이 일어납니다. 높은 자와 낮은 자가 뒤바뀌고, 앞선 자와 뒤처진 자가 바뀝니다. 하나님의 은혜에 순복하는 겸허함과 나의 권리를 주장하는 오만함이 만들어내는 차이입니다.

다. 5 그래서 그들이 일을 하러 떠났다. 주인이 다시 열두 시와 오후 세 시쯤에 나가서 그렇게 하였다. 6 오후 다섯 시쯤에 주인이 또 나가보니, 아직도 빈둥거리고 있는 사람들이 있어서, 그들에게 '왜 당신들은 온종일 이렇게 하는 일 없이 빈둥거리고 있소?' 하고 물었다. 7 그들이 그에게 대답하기를 '아무도 우리에게 일을 시켜주지 않아서, 이러고 있습니다' 하였다. 그래서 그는 '당신들도 포도원에 가서 일을 하시오' 하고 말하였다. 8 저녁이 되니, 포도원 주인이 자기 관리인에게 말하기를 '일꾼들을 불러, 맨 나중에 온 사람들부터 시작하여, 맨 먼저 온 사람들에게까지, 품삯을 치르시오' 하였다. 9 오후 다섯 시쯤부터 일을 한 일꾼들이 와서, 한 데나리온씩을 받았다. 10 그런데 맨 처음에 와서 일을 한 사람들은, 은근히 좀 더 받으려니 하고 생각하였는데, 그들도 한 데나리온씩을 받았다. 11 그들은 받고 나서, 주인에게 투덜거리며 말하였다. 12 '마지막에 온 이 사람들은 한 시간밖에 일하지 않았는데도, 찌는 더위 속에서 온종일 수고한 우리들과 똑같이 대우하였습니다.' 13 그러자 주인

"꼴찌들이 첫째가 되고, 첫째들이 꼴찌가 될 것이다"(16절). 이 역전의 세상은 사람들이 생각하는 질서와는 좀 다른 것 같습니다. 왜 예수님은 그런 세상을 주장했나요? 바리새인들은 자신의 남다른 경건을 자랑하며, '세리와 죄인들'을 경멸했습니다. 그러나 예수님께서는 종교적 행위로 위장된 바리새인들의 위선적인 욕망을 폭로하는 한편, 세리와 죄인들에게도 새로운 삶의 기회를 제공하셨습니다. '첫째'라 자칭하는 이들의 자부심을 박살내고, 죄인의 울타리에 갇힌 사람들에게 회개와 갱생의 초청장을 보내신 것입니다. 더 앞섰다 생각하는 사람들은 자신들의 경건한 지위를 부정하는 예수님의 가르침을 불경한 것으로 거부합니다. 반면 기대하지 않은 초청장을 받아든 이들은 감격한 마음으로 달려옵니다. 이렇게 역전이 일어납니다. 은혜를 못마땅하게 여기며 거부하는 사람과 은혜를 은혜로 받아들이는 사람의 역전입니다.

이 그들 가운데 한 사람에게 말하기를 '이보시오, 나는 당신을 부당하게 대한 것이 아니오. 당신은 나와 한 데나리온으로 합의하지 않았소? 14 당신의 품삯이나 받아 가지고 돌아가시오. 당신에게 주는 것과 꼭 같이 이 마지막 사람에게 주는 것이 내 뜻이오. 15 내 것을 가지고 내 뜻대로 할 수 없다는 말이오? 내가 후하기 때문에, 그것이 당신 눈에 거슬리오?' 하였다. 16 이와 같이 꼴찌들이 첫째가 되고, 첫째들이 꼴찌가 될 것이다."

## 죽음과 부활을 세 번째로 예고하시다(막 10:32-34; 눅 18:31-34)

17 ○ 예수께서 예루살렘으로 올라가시면서, 열두 제자를 따로 곁에 불러놓으시고, 길에서 그들에게 말씀하셨다. 18 "보아라, 우리는 지금 예루살렘으로 올라가고 있다. 인자가 대제사장들과 율법학자들에게 넘겨질 것이다. 그들은 그에게 사형을 선고할 것이며, 19 그를 이방 사람들에게 넘겨주어서, 조롱하고 채찍질하고 십자가에 달아서 죽게 할 것이다. 그러나 그는 사흘째 되는 날에 살아날 것이다."

**예수님이 예루살렘으로 올라간다는 것은 어떤 의미를 내포하는 말인가요?** 당시 종교와 정치의 중심지였던 예루살렘은 메시아 예수님께서 걸어가셔야 할 긴 여정의 종착지입니다. 본문에 나온 대로 이곳은 예수님의 메시아적 행보가 완결되는 자리, 곧 예수님께서 유대 사회의 지도자들에게 넘겨져 죽임을 당할 자리입니다. 하지만 이것으로 끝은 아닙니다. 그 후 예수님께서는 다시 살아나실 것이며, 이 부활로 이 땅에서 그분의 임무는 완결될 것입니다. 물론 현 시점에서는 죽음의 암울한 그림자가 훨씬 더 진하게 느껴집니다. 메시아의 길은 자신을 희생하는 죽음의 길이며, 그분의 뒤를 따르는 일 역시 자기 십자가를 지는 일입니다. 여전히 '남보다 잘난' 존재가 되고 싶어 하는 제자들은 바로 이 점을 좀 더 깊이 깨우쳐야 했습니다(20-28절).

## 야고보와 요한의 요구(막 10:35-45)

20 ○ 그때에 세베대의 아들들의 어머니가 아들들과 함께 예수께 다가와서 절하며, 무엇인가를 청하였다. 21 예수께서 그 여자에게 물으셨다. "무엇을 원하십니까?" 여자가 대답하였다. "나의 이 두 아들을 선생님의 나라에서, 하나는 선생님의 오른쪽에, 하나는 선생님의 왼쪽에 앉게 해주십시오."
22 ○ 예수께서 대답하셨다. "너희는 너희가 구하는 것이 무엇인지도 모르고 있다. 내가 마시려는 잔을 너희가 마실 수 있겠느냐?" 그들이 대답하였다. "마실 수 있습니다." 23 예수께서 그들에게 말씀하셨다. "정말로 너희는 나의 잔을 마실 것이다. 그러나 나의 오른쪽과 왼쪽에 앉히는 그 일은, 내가 할 수 있는 것이 아니다. 그 자리는 내 아버지께서 정해놓으신 사람들에게 돌아갈 것이다."
24 ○ 열 제자가 이 말을 듣고, 그 두 형제에게 분개하였다. 25 예수께서는 그들을 곁에 불러놓고 말씀하셨다. "너희가 아

**어떤 이야기가 시작될 때 '그때에'(20절)라는 단어가 반복적으로 사용되고 있습니다. 이 단어는 앞 이야기와 연결된다는 의미인가요, 아니면 어느 때의 시간을 나타내는 말인가요?** 문자적으로 '그때에'라는 뜻이므로 어떤 일이 벌어지는 그 시간을 나타내는 경우가 많습니다(17:13, 19; 18:1, 21; 21:1). 문맥에 따라 '그때'를 나타내기도 하고, '그다음에'가 되기도 합니다. 때론 시간이 아니라 논리적 흐름에 따라 '그래서'라는 의미로 사용되기도 합니다(2:7). 하지만 당장의 상황을 포착하기보다는 다소 느슨하게 비슷한 주제를 연결하는 장치로 사용되는 경우도 많이 있습니다(18:21; 20:20). 때로는 그냥 문맥 전환용으로 쓰이기도 합니다(9:14). 복음서는 엄밀한 연대기적 기록이 아닙니다. 시간의 순서는 무시하고, 주제별로 정돈된 경우도 있습니다. 그때그때 문맥을 잘 살피며 읽는 것이 중요합니다.

는 대로, 이방 민족들의 통치자들은 백성을 마구 내리누르고, 고관들은 백성에게 세도를 부린다. 26 그러나 너희끼리는 그렇게 해서는 안 된다. 너희 가운데서 위대하게 되고자 하는 사람은 누구든지 너희를 섬기는 사람이 되어야 하고, 27 너희 가운데서 으뜸이 되고자 하는 사람은 너희의 종이 되어야 한다. 28 인자는 섬김을 받으러 온 것이 아니라 섬기러 왔으며, 많은 사람을 위하여 자기 목숨을 몸값으로 치러주려고 왔다."

## 눈먼 사람 둘을 고치시다(막 10:46-52; 눅 18:35-43)

29 ○ 그들이 여리고를 떠날 때에, 큰 무리가 예수를 따라왔다. 30 그런데 눈먼 사람 둘이 길가에 앉아 있다가, 예수께서 지나가신다는 말을 듣고, 큰 소리로 외쳤다. "다윗의 자손이신 [주님], 우리를 불쌍히 여겨주십시오!" 31 무리가 조용히 하라고 꾸짖었으나, 그들은 더욱 큰 소리로 외쳤다. "다윗의 자손이신 주님, 우리를 불쌍히 여겨주십시오!" 32 예수께서

**세베대의 아들들의 어머니의 요구에서 비롯된 자리 문제는 제자들 전체로 확산됩니다. 예수님의 제자라지만 보통 사람들과 별 차이가 없어 보입니다. 그들은 예수님을 따라다니고도 왜 변화되지 않은 건가요?** 야고보와 요한이 직접 청탁하는 내용으로 그려진 마가복음서와 달리, 마태복음서에서는 어머니의 치맛바람 때문입니다. 하지만 차이가 없습니다. 남보다 높아지고 싶은 욕망은 끈질깁니다. 예수님의 죽음이 코앞에 닥친 순간에도 제자들은 서로 잘났다고 싸웁니다. 물론 우리의 모습입니다. 그들은 메시아 예수님의 승리가 고난과 희생을 통과하는 여정임을 아직까지도 깨닫지 못했습니다. 예수님을 따르는 삶이 자기 십자가를 지는 삶, 남보다 낮은 자리에서는 삶이라는 사실도 체감하지 못했습니다. 그들은 예수님의 죽음을 겪고, 부활하신 주님을 만나고서야 깊은 깨달음을 얻게 됩니다. 단순한 깨우침을 넘어, 새 생명과 마주하는 존재의 혁명이 필요했던 것입니다.

걸음을 멈추시고, 그들을 불러서 말씀하셨다. "너희 소원이 무엇이냐?" 33 그들이 예수께 말하였다. "주님, 눈을 뜨는 것입니다." 34 예수께서 가엽게 여기시고 그들의 눈에 손을 대시니, 그들은 곧 다시 보게 되었다. 그들은 예수를 따라갔다.

# { 제21장 }

## 예루살렘에 입성하시다(막 11:1–11; 눅 19:28–38; 요 12:12–19)

1 예수와 그 제자들이 예루살렘에 가까이 이르러, 올리브산에 있는 벳바게 마을에 들어섰다. 그때에 예수께서 두 제자를 보내시며 2 그들에게 말씀하셨다. "맞은편 마을로 가거라. 가서 보면, 나귀 한 마리가 매여 있고, 그 곁에 새끼가 있을 것이다. 풀어서, 나에게로 끌고 오너라. 3 누가 너희에게 무슨 말을 하거든, '주님께서 쓰려고 하십니다' 하고 말하여라. 그리하면 곧 내어줄 것이다." 4 이것은, 예언자를 시켜서 하신 말씀을 이루시려

**예언자의 말로 표현된 5절은 누가 언제 한 말인가요? 굳이 이 말을 언급한 이유는 무엇인가요?** 앞부분은 이사야서 62장 11절, 뒷부분은 스가랴서 9장 9절에서 인용한 말씀입니다. 이사야서 대목은 예수님께서 왕으로 오신다는 사실을 밝히는 부분이고, 스가랴서 인용구는 나귀를 타고 입성하는 예수님의 겸손함을 언급하는 말씀입니다. 물론 이 두 구절을 인용하는 기본적인 의도는 지금 예수님의 입성 장면이 "예언자를 시켜서 하신 말씀을 성취하는 것"임을 밝히기 위해서입니다. 예수님의 가르침과 행보는 여러 면에서 당시의 상식과 기대를 벗어납니다. 고난당하는 메시아의 길이 그렇습니다. 하지만 그것이 바로 하나님께서 약속하신 구원의 길입니다. 지금 예수님께서는 바로 그 길을 순종하며 가고 계십니다.

는 것이었다. 5 "시온의 딸에게 말하여라. 보아라, 네 임금이 네게로 오신다. 그는 온유하시어, 나귀를 타셨으니, 어린 나귀, 곧 멍에 메는 짐승의 새끼다." 6 제자들이 가서, 예수께서 지시하신 대로, 7 어미 나귀와 새끼 나귀를 끌어다가, 그 위에 겉옷을 얹으니, 예수께서 올라타셨다. 8 큰 무리가 자기들의 겉옷을 길에다가 폈으며, 다른 사람들은 나뭇가지를 꺾어다가 길에 깔았다. 9 그리고 앞에 서서 가는 무리와 뒤따라오는 무리가 외쳤다. "호산나, 다윗의 자손께! 복되시다, 주님의 이름으로 오시는 분! 더없이 높은 곳에서 호산나!" 10 예수께서 예루살렘에 들어가셨을 때에, 온 도시가 들떠서 물었다. "이 사람이 누구냐?" 11 사람들은 그가 갈릴리 나사렛에서 나신 예언자 예수라고 말하였다.

## 성전을 깨끗하게 하시다(막 11:15-19; 눅 19:45-48; 요 2:13-22)

12 ○ 예수께서 성전에 들어가셔서, 성전 뜰에서 팔고 사고 하

**성전에서 벌어지는 일들은 마치 시장통의 풍경과 비슷해 보입니다. 이와 같은 성전의 모습은 정상적인 풍경이었나요?** 성전 제사 때 바치는 짐승은 개인이 직접 구하기도 어렵고, 멀리서 갖고 오기도 어렵습니다. 헌금이나 성전세로 바치는 동전인 두로 세겔도 마찬가지입니다. 그래서 필요한 제물을 구입하거나 일반 화폐를 두로 세겔로 바꿀 수 있도록 성전 뜰에 시설을 마련해놓았습니다. 성전의 기능을 위해 꼭 필요한 편의 시설인 것입니다. 예수님의 행동이 성전 권력과 주변 자본가들의 탐욕에 대한 비판인지, 아니면 성전 자체의 정상적인 기능을 마비시키는 상징적인 행동인지는 분명하지 않습니다. 인용된 성경 말씀과 치유 활동은 성전 정화의 측면을(13-14절), 주변 문맥은 성전 기능의 종언 선언을 뒷받침합니다.

+호산나 : 본래 "구원하소서"(Save us, please!)라는 호소를 뜻하지만, 당시에는 감격에 겨운 찬양의 표현으로 널리 사용되었다. "더없이 높은 곳에서 호산나" 하는 외침은 구약성경의 시편 148편 1절을 떠올리게 한다.

는 사람들을 다 내쫓으시고, 돈을 바꾸어주는 사람들의 상과 비둘기를 파는 사람들의 의자를 둘러엎으시고, 13 그들에게 말씀하셨다. "성경에 기록한 바, '내 집은 기도하는 집이라고 불릴 것이다' 하였다. 그런데 너희는 그것을 '강도들의 소굴'로 만들어버렸다."

14 ○ 성전 뜰에서 눈먼 사람들과 다리를 저는 사람들이 예수께 다가왔다. 예수께서는 그들을 고쳐주셨다. 15 그러나 대제사장들과 율법학자들은, 예수께서 하신 여러 가지 놀라운 일과, 또 성전 뜰에서 "다윗의 자손에게 호산나!" 하고 외치는 아이들을 보고, 화가 나서 16 예수께 말하였다. "당신은 아이들이 무어라 하는지 듣고 있소?" 예수께서 그들에게 말씀하셨다. "그렇다. '주님께서는 어린아이들과 젖먹이들의 입에서 찬양이 나오게 하셨다' 하신 말씀을, 너희는 읽어보지 못하였느냐?" 17 예수께서 그들을 남겨두고, 성 밖으로 나가, 베다니로 가셔서, 거기에서 밤을 지내셨다.

**예수님이 무화과나무를 저주한 일에는 어떤 숨은 의미가 있나요?** 먹고 싶은 열매가 나무에 달려 있지 않다는 이유로 나무를 저주한다니, 다소 당황스럽기까지 합니다. 마가복음서에는 이 사건이 성전에 대한 심판을 상징하지만, 마태복음서에서는 진솔한 믿음이 강조됩니다. 제자들은 예수님의 저주가 '곧바로' 성취된 사실에 놀랍니다. 열쇠는 '의심하지 않는 믿음'입니다. 그런 믿음이면 무화과뿐 아니라, 심지어 '이 산'을 뽑아 바다에 심을 수도 있습니다. 이루어질 것을 의심하지 않는 믿음의 기도라면 하나님께서는 '무엇이든' 응답하십니다. 또 '이 산'이 성전이 자리한 산이라면, '열매 없는' 종교 지도자들에 대한 심판의 메시지도 엿볼 수 있습니다. 본문은 기도에 관한 많은 가르침 가운데 하나입니다. 이것을 사적인 욕망의 면죄부로 읽는 것은 예수님께서 말씀하신 '믿음'을 오해한 것입니다.

## 무화과나무를 저주하시다(막 11:12-14, 20-24)

18 ○ 새벽에 성 안으로 들어오시는데, 예수께서는 시장하셨다. 19 마침 길가에 있는 무화과나무 한 그루를 보시고, 그 나무로 가셨으나, 잎사귀밖에는 아무것도 없으므로, 그 나무에게 말씀하셨다. "이제부터 너는 영원히 열매를 맺지 못할 것이다!" 그러자 무화과나무가 곧 말라버렸다. 20 제자들은 이것을 보고 놀라서 말하였다. "무화과나무가 어떻게 그렇게 당장 말라버렸을까?" 21 예수께서 그들에게 말씀하셨다. "내가 진정으로 너희에게 말한다. 너희가 믿고 의심하지 않으면, 이 무화과나무에 한 일을 너희도 할 수 있을 뿐 아니라, 이 산더러 '들려서 바다에 빠져라' 하고 말해도, 그렇게 될 것이다. 22 또 너희가 기도할 때에, 이루어질 것을 믿으면서 구하는 것은, 무엇이든지 다 받을 것이다."

**당시에는 성전에서 가르칠 수 있는 자격을 가진 사람이 따로 있었나요? 대제사장과 장로들은 왜 예수님에게 "무슨 권한으로 이런 일을 하느냐"(23절)고 묻는 건가요?**
고위 제사장과 백성의 장로들은 성전의 전반적인 운용에 관한 책임을 맡은 사람들입니다. 물론 여기에는 성전 경내에서 이루어지는 가르침 역시 포함됩니다. 따라서 성전에 들어가 대중을 가르치는 예수님의 행위는 이들 지도자들의 권한을 무시하는 것이고, 또 이를 넘어서는 독자적인 권한을 주장하는 것과 같습니다. 종교 권력자들로서는 대중의 호응이 크다면 더더욱 두고 볼 수 없는 상황입니다. 당연히 이들은 예수님의 도전적인 행동이 함축하는 권한의 출처를 따집니다. 이 질문은 순수한 의문이 아니라, 책잡을 거리를 찾기 위한 적대적인 행동입니다. 대중들이 더 잘 아는 것처럼, 답은 이미 충분히 주어졌기 때문입니다.

## 예수의 권위를 논란하다(막 11:27-33; 눅 20:1-8)

23 ○ 예수께서 성전에 들어가서 가르치고 계실 때에, 대제사장들과 백성의 장로들이 다가와서 말하였다. "당신은 무슨 권한으로 이런 일을 하시오? 누가 당신에게 이런 권한을 주었소?" 24 예수께서 그들에게 이렇게 대답하셨다. "나도 너희에게 한 가지를 물어보겠다. 너희가 대답하면, 나도 무슨 권한으로 이런 일을 하는지를 말하겠다. 25 요한의 세례가 어디에서 왔느냐? 하늘에서냐? 사람에게서냐?" 그러자 그들은 자기들끼리 의논하며 말하였다. "'하늘에서 왔다'고 말하면, '어째서 그를 믿지 않았느냐'고 할 것이요, 26 또 '사람에게서 왔다'고 하자니, 무리가 무섭소. 그들은 모두 요한을 예언자로 여기니 말이오." 27 그래서 그들은 예수께, 모르겠다고 대답하였다. 그러자 예수께서 말씀하셨다. "나도 내가 무슨 권한으로 이런 일을 하는지를 너희에게 말하지 않겠다."

하나님의 나라(31절)는 무엇을 말하는 건가요? 복음서에서 말하는 하나님 나라는 장차 도래할 영광의 나라입니다. '가야 할' 먼 곳이 아니라, 하늘로부터 여기로 오게 될 나라, 우리가 그 안으로 '들어가는' 나라입니다. 사실상 '구원'이나 '영생'과 겹치는 표현입니다. 하나님 나라가 이미 (부분적으로?) 이루어졌다고 말하기도 하지만, 예수님의 가르침은 대부분 장차 하나님 나라에 들어가는 데 필요한 올바른 삶의 태도에 집중됩니다. 앞으로 심판이 있을 것인데, 그때 악인들은 영원한 심판에 처해지고, 의로운 자들은 '아버지의 나라에서 해와 같이 빛날' 것입니다(13:40-43). 사도 바울 또한 악하게 산 사람은 하나님 나라를 상속받지 못할 것이라는 경고를 반복합니다(갈 5:19-21; 고전 6:9-10).

## 두 아들의 비유

28 ○ "너희는 어떻게 생각하느냐? 어떤 사람에게 아들이 둘 있는데, 아버지가 맏아들에게 가서 '얘야, 너 오늘 포도원에 가서 일해라' 하고 말하였다. 29 그런데 맏아들은 대답하기를 '싫습니다' 하고 말하였다. 그러나 그 뒤에 그는 뉘우치고 일하러 갔다. 30 아버지는 둘째 아들에게 가서, 같은 말을 하였다. 그는 대답하기를, '예, 가겠습니다, 아버지' 하고서는, 가지 않았다. 31 그런데 이 둘 가운데서 누가 아버지의 뜻을 행하였느냐?" 예수께서 이렇게 물으시니, 그들이 대답하였다. "맏아들입니다." 예수께서 그들에게 말씀을 하셨다. "내가 진정으로 너희에게 말한다. 세리와 창녀들이 오히려 너희보다 먼저 하나님의 나라에 들어간다. 32 요한이 너희에게 와서, 옳은 길을 보여주었으나, 너희는 그를 믿지 않았다. 그러나 세리와 창녀들은 믿었다. 너희는 그것을 보고도 끝내 뉘우치지 않았으며, 그를 믿지 않았다."

**포도원과 소작인의 비유에서 예수님이 궁극적으로 말하려는 바는 대체 무엇인가요?**
이 비유는 '대제사장들과 바리새파 사람들'을 겨냥합니다(45절). 악한 소작인들은 바로 이들을 가리키는 그림입니다. 그들은 하나님께서 보내신 예언자들의 말에 순종하고 회개하는 것이 아니라 오히려 그들을 학대하고 죽였습니다. 그럼에도 하나님께서는 순종하리라 기대하고 마지막으로 아들을 보내셨는데, 그들은 그 아들마저 살해합니다. 상속자를 죽이면 포도원(이스라엘, 하나님 나라)이 자기 차지가 될 것이라 착각한 것입니다. 그러나 주인이신 하나님께서 돌아오셔서 자신의 욕망을 추구하며 하나님께 순종하지 않은 그들을 심판하시고, '그 나라를 열매를 맺는 다른 민족'에게 주실 것입니다(43절). 하나님의 관심은 외적인 종교성이 아니라 진솔한 삶에 있습니다. 이방인이 유대인을 대치한다는 의미가 아니라, 누구든 '열매 맺는 민족'이 그 나라를 차지한다는 뜻입니다.

## 포도원과 소작인의 비유(막 12:1-12; 눅 20:9-19)

33 ○ "다른 비유를 하나 들어보아라. 어떤 집주인이 있었다. 그는 포도원을 일구고, 울타리를 치고, 그 안에 포도즙을 짜는 확을 파고, 망대를 세웠다. 그리고 그것을 농부들에게 세로 주고, 멀리 떠났다. 34 열매를 거두어들일 철이 가까이 왔을 때에, 그는 그 소출을 받으려고 자기 종들을 농부들에게 보냈다. 35 그런데, 농부들은 그 종들을 붙잡아서, 하나는 때리고, 하나는 죽이고, 또 하나는 돌로 쳤다. 36 주인은 다시 다른 종들을 처음보다 더 많이 보냈다. 그랬더니, 농부들은 그들에게도 똑같이 하였다. 37 마지막으로 그는 자기 아들을 보내며 말하기를 '그들이 내 아들이야 존중하겠지' 하였다. 38 그러나 농부들은 그 아들을 보고 그들끼리 말하였다. '이 사람은 상속자다. 그를 죽이고, 그의 유산을 우리가 차지하자.' 39 그러면서 그들은 그를 잡아서, 포도원 밖으로 내쫓아 죽였다. 40 그러니 포도원 주인이 돌아올 때에, 그 농부들을 어떻게 하겠느냐?" 41 그들이 예수께 말하였다. "그 악한 자들을 가차 없이 죽이

**사람들은 왜 예수님을 '예언자'(46절)로 여겼나요?** 여기서 '예언자'는 헛된 자기주장을 늘어놓는 사기꾼이 아니라, 참으로 하나님께서 보내신 사람이라는 의미입니다. 대중은 예수님을 통해 드러나는 하나님의 놀라운 지혜와 능력을 보았고, 거기에 있는 그대로 솔직하게 반응합니다. 하지만 종교적, 정치적 지도자들은 예수님의 활동에서 하나님의 일하심을 발견하지 못하고, 오히려 대중에 대한 예수님의 영향력이 그들의 기득권에 위협이 된다는 사실에 예민하게 반응합니다. 예수님을 처단하고 싶지만, 대중의 눈치를 살펴야 하는 딱한 처지에 놓입니다. 물론 대중의 열광적인 환호 역시 신실한 믿음과는 거리가 있습니다. 나중에 이 대중들은 지도자들의 사주를 받아 예수님의 십자가 처형을 주장합니다(27:20-26).

고, 제때에 소출을 바칠 다른 농부들에게 포도원을 맡길 것입니다." 42 예수께서 그들에게 말씀하셨다. "너희는 성경에서 이런 말씀을 읽어본 일이 없느냐? '집 짓는 사람이 버린 돌이 집 모퉁이의 머릿돌이 되었다. 이것은 주님께서 하신 일이요, 우리 눈에는 놀라운 일이다.' 43 그러므로 나는 너희에게 말한다. 하나님께서는 너희에게서 하나님의 나라를 빼앗아서, 그 나라의 열매를 맺는 민족에게 주실 것이다. 44 [이 돌 위에 떨어지는 사람은 부스러질 것이요, 이 돌이 어떤 사람 위에 떨어지면, 그를 가루로 만들어놓을 것이다.]"

45 ○ 대제사장들과 바리새파 사람들은 예수의 비유를 듣고서, 자기들을 가리켜 하시는 말씀임을 알아채고, 46 그를 잡으려고 하였으나, 무리들이 무서워서 그렇게 하지 못하였다. 무리가 예수를 예언자로 여기고 있었기 때문이다.

# { 제22장 }

## 혼인 잔치의 비유(눅 14:15-24)

1 예수께서 다시 여러 가지 비유로 그들에게 말씀하셨다. 2 "하늘나라는 자기 아들의 혼인 잔치를 베푼 어떤 임금에게 비길 수 있다. 3 임금이 자기 종들을 보내서, 초대받은 사람들을 잔치에 불러오게 하였는데, 그들은 오려고 하지 않았다. 4 그래서 다시 다른 종들을 보내며, 이렇게 말하였다. '초대받은 사람들에게로 가서, 음식을 다 차리고, 황소와 살진 짐승을 잡아서 모든 준비를 마쳤으니, 어서 잔치에 오시라고 하여라.' 5 그런데 초대받은 사람들은, 그 말을 들은 척도 하지 않고, 저마다 제 갈 곳으로 떠나갔다. 한 사람은 자기 밭으로 가고, 한 사람은 장사하러 갔다. 6 그리고 나머지 사람들은 그의 종들을 붙잡아서, 모욕하고 죽였다. 7 임금은 노해서, 자기 군대를 보내서 그 살인자들을 죽이고, 그들의 도시를 불살라버렸다. 8 그리고 자기 종들에게 말하였다. '혼인 잔치는 준비되었는데, 초

혼인 예복을 입지 않고 잔치에 온 사람과 바깥 어두운 데로 쫓겨나는 일(11-14절)이 의미하는 것은 무엇인가요? 누가복음서의 잔치 비유는 '해피엔딩'으로 마무리되지만(눅 14:15-24), 마태복음서에서는 약간 다릅니다. 첫 초청자들은 불경스럽게 반항하다 심판을 받습니다. 그리고 두 번째의 열린 초청에서는 흥겨운 잔치' 장면이 '손님을 살피러' 왕이 들어오는 장면으로 연결됩니다. 역시 심판을 나타냅니다. '예복'은 잔치 초청에 값하는 삶의 태도를 가리킵니다. 이 잔치는 아무나 초청받아 먹을 수 있는 자리지만, 여전히 아무렇게나 먹을 순 없는 왕의 잔치입니다. 차별 없는 은혜가 '제멋대로'를 뜻하는 것은 절대 아닙니다. 하나님 나라는 그에 어울리는 겸허한 순종을 요구합니다. 빈말과 겉꾸밈이 아니라, 진실한 실천으로 들어가는 나라입니다(7:21).

대받은 사람들은 이것을 받을 만한 자격이 없다. 9 그러니 너희는 네거리로 나가서, 아무나, 만나는 대로 잔치에 청해오너라.' 10 종들은 큰길로 나가서, 악한 사람이나, 선한 사람이나, 만나는 대로 다 데려왔다. 그래서 혼인 잔치 자리는 손님으로 가득 차게 되었다.

11 ○ 임금이 손님들을 만나러 들어갔다가, 거기에 혼인 예복을 입지 않은 사람이 한 명 있는 것을 보고 그에게 묻기를, 12 '이 사람아, 그대는 혼인 예복을 입지 않았는데, 어떻게 여기에 들어왔는가?' 하니, 그는 아무 말도 하지 못하였다. 13 그때에 임금이 종들에게 분부하였다. '이 사람의 손발을 묶어서, 바깥 어두운 데로 내던져라. 거기서 슬피 울며 이를 갈 것이다.' 14 부름받은 사람은 많으나, 뽑힌 사람은 적다."

### 황제에게 바치는 세금(막 12:13–17; 눅 20:20–26)

15 ○ 그때에 바리새파 사람들이 나가서, 어떻게 하면 말로 트집을 잡아서 예수를 올무에 걸리게 할까 의논하였다. 16 그런

16–17절에 나타난 바리새파 사람들의 의도적인 질문을 보면 그들도 속으로는 예수님을 인정하고 있었던 것 같습니다. 정말 그랬나요? 예수님을 통해 하나님의 능력이 드러났습니다. 이를 본 대중은 예수님을 예언자로 인정했지만, 권력자들은 그분의 존재를 위협으로 간주하고 제거하려 했습니다. 그들의 관심은 예수님이 하나님께서 보내신 예언자가 맞는지 그 여부가 아니라, 오로지 자신의 기득권을 수호하는 것에 있었습니다. 본문의 질문도 논쟁의 형태를 빌린 정치적인 음모입니다(15, 18절). 이방 민족의 통치를 받는 하나님의 백성이라는 비극적인 모순을 이용해 예수님을 함정에 빠뜨리고자 했던 비열한 시도입니다. 예수님께서는 그들이 소유한 동전을 활용해 이 모순이 지도자들 자신이 처한 상황이기도 하다는 사실을 일깨우십니다.

다음에, 그들은 자기네 제자들을 헤롯 당원들과 함께 예수께 보내어, 이렇게 묻게 하였다. "선생님, 우리는, 선생님이 진실한 분이시고, 하나님의 길을 참되게 가르치시며, 아무에게도 매이지 않으시는 줄 압니다. 선생님은 사람의 겉모습을 따지지 않으십니다. 17 그러니 선생님의 생각은 어떤지 말씀하여주십시오. 황제에게 세금을 바치는 것이 옳습니까, 옳지 않습니까?" 18 예수께서 그들의 간악한 생각을 아시고 말씀하셨다. "위선자들아, 어찌하여 나를 시험하느냐? 19 세금으로 내는 돈을 나에게 보여달라." 그들은 데나리온 한 닢을 예수께 가져다드렸다. 20 예수께서 그들에게 물으셨다. "이 초상은 누구의 것이며, 적힌 글자는 누구를 가리키느냐?" 21 그들이 대답하였다. "황제의 것입니다." 그때에 예수께서 그들에게 말씀하셨

바리새파 사람들을 상대하는 예수 *Jesus with the Pharisees, from The New Testament,* Jacques Callot, French, 1635

다. "그렇다면, 황제의 것은 황제에게 돌려주고, 하나님의 것은 하나님께 돌려드려라." 22 그들은 이 말씀을 듣고 탄복하였다. 그들은 예수를 남겨두고 떠나갔다.

## 부활을 두고 묻다(막 12:18-27; 눅 20:27-40)

23 ○ 같은 날 사두개파 사람들이 예수께 와서, 부활이 없다고 주장하면서, 예수께 말하였다. 24 "선생님, 모세가 말하기를 '어떤 사람이 자식이 없이 죽으면, 그 동생이 형수에게 장가들어서, 그 후사를 세워주어야 한다' 하였습니다. 25 그런데 우리 이웃에 일곱 형제가 있었습니다. 맏이가 장가를 들었다가, 자식이 없이 죽으므로, 아내를 그의 동생에게 남겨놓았습니다. 26 둘째도 셋째도 그렇게 해서, 일곱이 다 그렇게 하기에 이르렀습니다. 27 맨 나중에는, 그 여자도 죽었습니다. 28 그러니 부활 때에 그 여자는 누구의 아내가 되겠습니까? 일곱이 모두 그 여자를 아내로 맞아들였으니 말입니다." 29 예수께서 그들에게 대답하셨다. "너희는 성경도 모르고, 하나님의 능력도 모

**예수님 당시에도 부활은 논쟁이 되는 주제였나요?** 부활을 믿었던 바리새인들과는 달리, 보수적인 사두개인들은 부활을 페르시아의 수입품이라 여겨 거부했습니다. 성경도 모세오경(구약성경의 첫 다섯 권. 창세기, 출애굽기, 레위기, 민수기, 신명기)만 믿었는데, 거기에는 부활 사상이 나오지 않습니다. 부활에 대해서만큼은 예수님께서도 분명 바리새파와 같은 입장이셨습니다. '살아 있는 사람의 하나님'이라는 표현 속에서 부활의 불가피성을 논증하십니다(31-33절). 초대교회에서 예수님의 부활은 복음의 핵심이었습니다. 부활을 부정하는 사두개인들은 로마의 재가 아래 성전을 중심으로 신정(神政) 권력을 행사하던 사람들이었습니다. 갈등을 피할 수 없는 상황인 셈입니다.

르기 때문에, 잘못 생각하고 있다. 30 부활 때에는 사람들은 장가도 가지 않고, 시집도 가지 않고, 하늘에 있는 천사들과 같다. 31 죽은 사람들의 부활을 두고 말하면서, 너희는 아직도 하나님께서 너희에게 하신 말씀을 읽어보지 못하였느냐? 32 하나님께서는 '나는 아브라함의 하나님이요, 이삭의 하나님이요, 야곱의 하나님이다' 하고 말씀하셨다. 하나님은 죽은 사람의 하나님이 아니라, 살아 있는 사람의 하나님이시다." 33 무리는 이 말씀을 듣고, 예수의 가르침에 놀랐다.

## **가장 큰 계명**(막 12:28–34; 눅 10:25–28)

34 ○ 바리새파 사람들이, 예수가 사두개파 사람들의 말문을 막아버리셨다는 소문을 듣고, 한자리에 모였다. 35 그리고 그들 가운데 율법 교사 하나가 예수를 시험하여 물었다. 36 "선생님, 율법 가운데 어느 계명이 중요합니까?" 37 예수께서 그에게 말씀하셨다. "'네 마음을 다하고, 네 목숨을 다하고, 네 뜻을 다하여, 주 너의 하나님을 사랑하여라' 하였으니, 38 이

유대인들에게 '다윗의 자손'이 갖는 의미는 특별했나요? '그리스도'는 '메시아'의 헬라어 번역입니다. 유대인들은 하나님께서 다윗에게 주신 약속, 곧 그의 아들을 통해 다윗의 왕조를 영원하게 하실 것이라는 약속을 굳게 믿었습니다. 그래서 이스라엘을 구할 메시아는 '다윗의 자손(=아들)'이라야 합니다. 그래서 마태복음서는 시작부터 예수님을 '다윗의 자손'이라고 부릅니다(1:1). 메시아의 가장 중요한 요건이기 때문입니다. 이 본문에서 예수님의 논증은 흥미롭습니다. 혈통적으로는 '다윗의 자손'이 맞습니다. 하지만 실제 메시아는 다윗이 노래한 시에서 '나의 주님'이라고 부르는 특별한 존재입니다. 다윗의 아들이지만, 그것만으로는 제대로 설명할 수 없는, 보다 높은 신분을 가지신 분입니다.

것이 가장 중요하고 으뜸가는 계명이다. 39 둘째 계명도 이것과 같은데, '네 이웃을 네 몸과 같이 사랑하여라' 한 것이다. 40 이 두 계명에 온 율법과 예언서의 본뜻이 달려 있다."

## 다윗의 자손(막 12:35–37; 눅 20:41–44)

41 ○ 바리새파 사람들이 모였을 때에, 예수께서 그들에게 물으셨다. 42 "너희는 그리스도를 어떻게 생각하느냐? 그는 누구의 자손이냐?" 그들이 예수께 대답하였다. "다윗의 자손입니다." 43 예수께서 다시 그들에게 말씀하셨다. "그러면 다윗이 성령의 감동을 받아, 그를 주님이라고 부르면서 말하기를, 44 '주님께서 내 주께 말씀하셨다. 「내가 네 원수를 네 발아래에 굴복시킬 때까지, 너는 내 오른쪽에 앉아 있어라」' 하였으니, 이것이 어찌된 일이냐? 45 다윗이 그리스도를 주라고 불렀는데, 어떻게 그리스도가 그의 자손이 되겠느냐?" 46 그러자 아무도 예수께 한마디도 대답하지 못했으며, 그날부터는 그에게 감히 묻는 사람도 없었다.

## { 제23장 }

### 율법학자와 바리새파 사람을 꾸짖으시다

(막 12:38-40; 눅 11:37-52; 20:45-47)

1 그때에 예수께서 무리와 제자들에게 말씀하셨다. 2 "율법학자들과 바리새파 사람들은 모세의 자리에 앉은 사람들이다. 3 그러므로 그들이 너희에게 말하는 것은 무엇이든지 다 행하고 지켜라. 그러나 그들의 행실은 따르지 말아라. 그들은 말만 하고, 행하지는 않는다. 4 그들은 지기 힘든 무거운 짐을 묶어서 남의 어깨에 지우지만, 자기들은 그 짐을 나르는 데에 손가락 하나도 까딱하려고 하지 않는다. 5 그들이 하는 모든 일은 사람들에게 보이려고 하는 것이다. 그들은 경문 곽을 크게 만들어서 차고 다니고, 옷술을 길게 늘어뜨린다. 6 그리고 잔치에서는 윗자리에, 회당에서는 높은 자리에 앉기를 좋아하며, 7 장터에서 인사받기와, 사람들에게 랍비라고 불리기를 좋아한다. 8 그러나 너희는 랍비라는 호칭을 듣지 말아라. 너

**예수님이 율법학자와 바리새파 사람들을 공개적으로 비판한 이유는 무엇인가요?**
그들은 훌륭한 언어로 율법을 가르칩니다. 따르고 실천해야 할 말씀입니다. 하지만 예수님께서는 제자들에게 "그들의 행실은 따르지 말라"고 경고하십니다. 그들은 말만 하고 행하지는 않기 때문입니다(3절). 그들의 모든 행동은 타인의 시선을 의식한 '보여주기'입니다(5절). 이것이 비판의 핵심입니다. 한마디로 그들은 '위선자'입니다(15, 23, 25, 27, 29절). 거론된 사례는 모두 겉 다르고 속 다른 위선의 형태입니다. 그럴듯한 외양은 그들의 더러움을 속이는 수단이라 위험합니다. 하나님 앞에서 위선은 통하지 않습니다. 천국은 그보다 더 나은 의(5:20), 곧 하나님께서 인정하시는 진실한 실천을 요구합니다(7:21-27).

현대 유대인의 팔에 달린 경문

**"경문 곽을 크게 만들어서 차고 다니고, 옷술을 길게 늘어뜨린다"(5절)는 것은 무슨 뜻인가요?** 경문은 히브리어로 '테필린'이라 하는데, 유대교의 율법서인 토라의 일부를 담은 작은 가죽 상자입니다. 하나님의 명령을 문자적으로 지키려고 이 상자를 팔과 이마에 달았습니다(출 13:9, 16; 신 6:8; 11:18). 히브리어로 '찌찟'이라 불리는 옷술은 긴 옷 또는 기도할 때 쓰는 숄에서 늘어진 끝자락을 말합니다. 자신의 경건을 과시할 수 있는 '눈에 잘 띄는' 장치들입니다. 경문이 클수록 무겁고 불편하지만, 그만큼 사람들의 눈에 잘 보입니다. 긴 옷술도 마찬가지입니다. 그러니까 '큰 경문'과 '긴 옷술'은 자신의 경건을 사람들에게 인정받으려는 욕망의 표현입니다. 예수님께서는 이것들이 더러운 욕망을 가리는 위장술로 사용되는 현상을 질타하십니다.

희의 선생은 한 분뿐이요, 너희는 모두 형제자매들이다. 9 또 너희는 땅에서 아무도 너희의 아버지라고 부르지 말아라. 너희의 아버지는 하늘에 계신 분, 한 분뿐이시다. 10 또 너희는 지도자라는 호칭을 듣지 말아라. 너희의 지도자는 그리스도 한 분뿐이시다. 11 너희 가운데서 으뜸가는 사람은 너희를 섬기는 사람이 되어야 한다. 12 자기를 높이는 사람은 낮아지고, 자기를 낮추는 사람은 높아질 것이다."

13 ○ "율법학자들과 바리새파 사람들아! 위선자들아! 너희에게 화가 있다. 너희는 사람들이 들어오지 못하도록 하늘나라의 문을 닫기 때문이다. 너희는 자기도 들어가지 않고, 들어가려고 하는 사람도 들어가지 못하게 하고 있다. 14 (없음) 15 율법학자들과 바리새파 사람들아! 위선자들아! 너희에게 화가 있다! 너희는 개종자 한 사람을 만들려고 바다와 육지를 두루 다니다가, 하나가 생기면, 그를 너희보다 배나 더 못된 지옥의 자식으로 만들어버리기 때문이다."

16 ○ "눈먼 인도자들아! 너희에게 화가 있다! 너희는 말하기를 '누구든지 성전을 두고 맹세하면 아무래도 좋으나, 누구든지 성전의 금을 두고 맹세하면 지켜야 한다'고 한다. 17 어리석

**예수님의 지적에 따르면 율법학자와 바리새파 사람들의 문제는 '위선'으로 보입니다. 당시에 그들의 문제는 정말 그렇게 심각한 수준이었나요?** 이 비판의 역사적 신빙성에 대해서는 신학적인 입장에 따라 생각이 다릅니다. 유대인 학자들은 대체로 복음서의 바리새인 비판이 복음서를 생산한 초대교회의 관점으로 채색된 것이라 생각합니다. 사실 모든 율법학자들과 바리새인들이 위선자였다고 생각할 필요는 없습니다. 그러나 종교든 정치든, 큰돈을 만지고 엄청난 영향력을 휘두르는 지배층의 위선은 어느 역사에서나 볼 수 있습니다. 구약 시대 예언자들의 최대 고민거리는 당대 사회 지도층의 위선이었고, 이는 세례자 요한과 예수님의 경우에도 마찬가지입니다.

고 눈먼 자들아! 어느 것이 더 중하냐? 금이냐? 그 금을 거룩하게 하는 성전이냐? 18 또 너희는 말하기를 '누구든지 제단을 두고 맹세하면 아무래도 좋으나, 누구든지 그 제단 위에 놓여 있는 제물을 두고 맹세하면 지켜야 한다'고 한다. 19 눈먼 자들아! 어느 것이 더 중하냐? 제물이냐? 그 제물을 거룩하게 하는 제단이냐? 20 제단을 두고 맹세하는 사람은, 제단과 그 위에 있는 모든 것을 두고 맹세하는 것이요, 21 성전을 두고 맹세하는 사람은, 성전과 그 안에 계신 분을 두고 맹세하는 것이다. 22 또 하늘을 두고 맹세하는 사람은, 하나님의 보좌와 그 보좌에 앉아계신 분을 두고 맹세하는 것이다."

23 ○ "율법학자들과 바리새파 사람들아! 위선자들아! 너희에게 화가 있다! 너희는 박하와 회향과 근채의 십일조는 드리면서, 정의와 자비와 신의와 같은 율법의 더 중요한 요소들은 버렸다. 그것들도 소홀히 하지 않아야 했지만, 이것들도 마땅히 행해야 했다. 24 눈먼 인도자들아! 너희는 하루살이는 걸러내면서, 낙타는 삼키는구나!"

25 ○ "율법학자들과 바리새파 사람들아! 위선자들아! 너희에

**율법학자와 바리새파를 향한 예수님의 날카로운 비판에 그들은 어떻게 반응했나요?**
위선에 대한 비판은 15장에서 이미 나온 적 있습니다. 예수님의 비판을 들은 율법학자들과 바리새인들은 당연히 분개했습니다(15:12). 그러나 예수님께서는 이들의 반응에 개의치 않으십니다. 오히려 그들은 하나님께서 심지 않은 식물이라 곧 뿌리 뽑히게 될 것이라고 날 선 비판을 이어가셨습니다(15:13). 23장에서는 지옥의 심판을 피하지 못할 사람들로 규정하십니다(23:33). 위선자들이 비판의 소리에 귀를 기울이는 경우는 드뭅니다. 자기 위선에 자신도 속아 스스로 경건하다 착각하는 이는 그 비판이 억울합니다. 어느 쪽이든, 비판하는 사람을 제거하는 것이 답입니다. 그것이 예수님의 운명이었습니다.

게 화가 있다. 너희는 잔과 접시의 겉은 깨끗이 하지만, 그 안은 탐욕과 방종으로 가득 채우기 때문이다. 26 눈먼 바리새파 사람들아! 먼저 잔 안을 깨끗이 하여라. 그리하면 그 겉도 깨끗하게 될 것이다."

27 ○ "율법학자들과 바리새파 사람들아! 위선자들아! 너희에게 화가 있다. 너희는 회칠한 무덤과 같기 때문이다. 그것은 겉으로는 아름답게 보이지만, 그 안에는 죽은 사람의 뼈와 온갖 더러운 것이 가득하다. 28 이와 같이, 너희도 겉으로는 사람에게 의롭게 보이지만, 속에는 위선과 불법이 가득하다."

29 ○ "율법학자들과 바리새파 사람들아! 위선자들아! 너희에게 화가 있다. 너희는 예언자들의 무덤을 만들고, 의인들의 기념비를 꾸민다. 30 그러면서, '우리가 조상의 시대에 살았더라면, 예언자들을 피 흘리게 하는 일에 가담하지 않았을 것이다' 하고 말하기 때문이다. 31 이렇게 하여, 너희는 예언자들을 죽인 자들의 자손임을 스스로 증언한다. 32 그러므로 너희는 너희 조상의 분량을 마저 채워라. 33 뱀들아! 독사의 새끼들아! 너희가 어떻게 지옥의 심판을 피하겠느냐? 34 그러므로 내가 예언자들과 지혜 있는 자들과 율법학자들을 너희에게 보낸다.

**예루살렘에 대한 예수님의 한탄은 그 도시에 대한 것이었나요? 아니면 여기에 다른 숨은 뜻이 있나요?** 예루살렘은 유대 사회의 중심지로 이스라엘 신앙의 중심인 성전이 있는 곳이며, 정치권력이 자리한 곳입니다. 그래서 유대 사회 전체를 가리키는 제유법(사물의 일부로 그 사물의 전체를 표현하는 수사법)으로 자주 사용됩니다. 물론 예수님께서는 특별히 예루살렘의 지도층을 겨냥하십니다. 신정정치의 권력자들, 그리고 율법교사와 바리새인 같은 종교 권위자들이 그 핵심입니다. 이 지도자의 타락은 백성 전체의 타락으로 이어지기에, 그들의 잘못은 그만큼 더 중대합니다. 이들은 전략적으로 제휴해 예수님을 제거하려고 노력했던 장본인들입니다.

너희는 그 가운데서 더러는 죽이고, 더러는 십자가에 못 박고, 더러는 회당에서 채찍질하고, 이 동네 저 동네로 뒤쫓으며 박해할 것이다. 35 그리하여 의인 아벨의 피로부터, 너희가 성소와 제단 사이에서 살해한 바라갸의 아들 사가랴의 피에 이르기까지, 땅에 죄 없이 흘린 모든 피가 너희에게 돌아갈 것이다. 36 내가 진정으로 너희에게 말한다. 이 일의 책임은 다 이 세대에게 돌아갈 것이다."

### 예루살렘을 보시고 한탄하시다(눅 13:34-35)

37 ○ "예루살렘아, 예루살렘아, 네게 보낸 예언자들을 죽이고, 돌로 치는구나! 암탉이 병아리를 날개 아래 품듯이, 내가 몇 번이나 네 자녀들을 모아 품으려 하였더냐! 그러나 너희는 원하지 않았다. 38 보아라, 너희 집은 버림을 받아서, 황폐하게 될 것이다. 39 내가 너희에게 말한다. 너희가 '주님의 이름으로 오시는 분은 복되시다!' 하고 말할 그때까지, 너희는 나를 다시는 보지 못할 것이다."

## { 제24장 }

### 예루살렘 성전의 파괴를 예언하시다(막 13:1–2; 눅 21:5–6)

1 예수께서 성전에서 나와서 걸어가시는데, 제자들이 다가와서, 성전 건물을 그에게 가리켜 보였다. 2 예수께서 그들에게 말씀하셨다. "너희는 이 모든 것을 보고 있지 않느냐? 내가 진정으로 너희에게 말한다. 여기에 돌 하나도 돌 위에 남아 있지 않고, 다 무너질 것이다."

### 재난의 시작(막 13:3–13; 눅 21:7–19)

3 ○ 예수께서 올리브산에 앉아계실 때에, 제자들이 따로 그에게 다가와서 말하였다. "이런 일들이 언제 일어나겠습니까? 선생님께서 다시 오시는 때와 세상 끝 날에는 어떤 징조가 있겠습니까? 우리에게 말씀해주십시오." 4 예수께서 그들에게 말씀하셨다. "누구에게도 속지 않도록 조심하여라. 5 많은 사람

**예루살렘 성전은 예수님의 예언대로 정말 무너졌나요?** 본문에는 어려운 내용이 많아 해석도 엇갈리지만, 본문의 상당 부분은 예루살렘의 멸망을 예고합니다. 66년 여름, 유대인들은 로마의 통치에 대항해 봉기를 일으킵니다. 하지만 로마군 사령관 베스파시아누스와 그의 아들 티투스에 의해 궤멸되고 맙니다. 아버지가 황제가 되기 위해 로마로 돌아간 후 티투스는 70년에 예루살렘을 함락하고, 성전의 주요 기물을 약탈한 후 불을 지릅니다. 이 성전은 헤롯대왕이 증축하기 시작해 64년 헤롯 아그립바 2세 때 완공되었습니다. 그러니까 완공되자마자 금방 파괴된 것입니다. 로마의 콜로세움 근처에는 예루살렘 함락을 기념하는 티투스 장군의 개선문이 남아 있는데, 여기에 성전을 약탈하는 장면이 부조로 새겨져 있습니다.

이 내 이름으로 와서 말하기를 '내가 그리스도이다' 하면서, 많은 사람을 속일 것이다. 6 또 너희는 여기저기서 전쟁이 일어난 소식과 전쟁이 일어나리라는 소문을 들을 것이다. 그러나 너희는 당황하지 않도록 주의하여라. 이런 일이 반드시 일어나야 한다. 그러나 아직 끝은 아니다. 7 민족이 민족을 거슬러 일어나고, 나라가 나라를 거슬러 일어날 것이며, 여기저기서 기근과 지진이 있을 것이다. 8 그러나 이런 모든 일은 진통의 시작이다."

9 ○ "그때에 사람들이 너희를 환난에 넘겨줄 것이며, 너희를 죽일 것이다. 또 너희는 내 이름 때문에, 모든 민족에게 미움을 받을 것이다. 10 또 많은 사람이 걸려서 넘어질 것이요, 서로 넘겨주고, 서로 미워할 것이다. 11 또 거짓 예언자들이 많이 일어나서, 많은 사람을 홀릴 것이다. 12 그리고 불법이 성하여, 많은 사람의 사랑이 식을 것이다. 13 그러나 끝까지 견디는 사람은 구원을 얻을 것이다. 14 이 하늘나라의 복음이 온 세상에 전파되어서, 모든 민족에게 증언될 것이다. 그때에야 끝이 올 것이다."

**거짓 그리스도와 거짓 예언자들도 표징과 기적을 일으킬 수 있다면, 그들을 어떻게 구별해낼 수 있나요?** 거짓 예언자들이 일어나 거짓 메시아의 도래를 예언할 것입니다. 현상적으로는 비슷한 모습을 보이겠지만, 그들이 맺는 열매는 그 나무의 본질을 정확히 드러낼 것입니다(7:15-21). 거짓 예언자들의 잘못된 가르침은 결국 욕망을 위해 고안된 것들이라 불법을 더하는 결과를 낳습니다. 원하는 결과를 얻기 위해 그만큼 현란한 언어와 정교한 장치를 동원할 것입니다. 그러나 갈수록 참된 종교의 특징인 하나님과 사람을 사랑하는 삶이 망가질 것입니다(22:34-40). 그래서 세심한 분별력이 요구됩니다. 그들의 언어가 진실한 실천으로 이어지는지, 요란한 종교성으로 욕망의 길을 추구하는지를 가려내는 눈길입니다.

## 가장 큰 재난(막 13:14–23; 눅 21:20–24)

15 ○ "그러므로 너희는 예언자 다니엘이 말한 바, 황폐하게 하는 가증스러운 물건이 거룩한 곳에 서 있는 것을 보거든, (읽는 사람은 깨달아라) 16 그때에 유대에 있는 사람들은 산으로 도망하여라. 17 지붕 위에 있는 사람은 제 집 안에 있는 물건을 꺼내려고 내려오지 말아라. 18 밭에 있는 사람은 제 겉옷을 가지러 뒤로 돌아서지 말아라. 19 그날에는 아이를 밴 여자들과 젖먹이를 가진 여자들은 불행하다. 20 너희가 도망하는 일이 겨울이나 안식일에 일어나지 않도록 기도하여라. 21 그때에 큰 환난이 닥칠 것인데, 그런 환난은 세상 처음부터 이제까지 없었으며, 앞으로도 없을 것이다. 22 그 환난의 날들을 줄여주지 않으셨다면, 구원을 얻을 사람이 하나도 없을 것이다. 그러나 선택받은 사람들을 위하여, 하나님께서 그날들을 줄여주실 것이다."
23 ○ "그때에 누가 너희에게 말하기를 '보시오, 그리스도가 여기 계시오' 혹은 '아니, 여기 계시오' 하더라도, 믿지 말아라. 24 거짓 그리스도들과 거짓 예언자들이 일어나서, 큰 표징과

**기근과 지진, 전쟁 등 종말이 임박했음을 보여주는 무서운 이야기들이 나옵니다. 하지만 여전히 세상은 존재합니다. 과연 종말의 때는 오는 건가요?** 본문에는 우주적 대격변에 어울리는 묵시적인 언어가 많이 나옵니다. 구약성경의 다니엘서에 나타난 묵시적 언어가 널리 차용되기도 합니다. 문자 그대로의 묘사라기보다는 사건의 깊은 의미를 드러내기 위한 문학적 장치일 가능성이 크다는 뜻입니다. 해석도 다양합니다. 70년의 예루살렘 멸망과 연결하는 해석, 예수님의 재림과 연결 짓는 해석, 그 두 가지가 모두 나타난다고 보는 해석까지 다양한 입장이 존재합니다. 적어도 전반부가 예루살렘 멸망을 염두에 둔 것은 분명해 보입니다. 어떤 견해를 취하든, 이 긴 설교가 "깨어 미래를 준비하라"는 실천적 메시지로 연결된다는 사실에 주목해야 합니다.

기적을 일으키면서, 할 수만 있으면, 선택받은 사람들까지도 홀릴 것이다. 25 보아라, 내가 너희에게 미리 말하여둔다. 26 그러므로 그들이 너희에게 '보아라, 그리스도가 광야에 계신다' 하고 말하더라도 너희는 나가지 말고, '그리스도가 골방에 계신다' 하더라도 너희는 믿지 말아라. 27 번개가 동쪽에서 나서 서쪽에까지 번쩍이듯이, 인자가 오는 것도 그러할 것이다. 28 주검이 있는 곳에는 독수리가 모여들 것이다."

## **인자의 오심**(막 13:24-27; 눅 21:25-28)

29 "그 환난의 날들이 지난 뒤에, 곧 해는 어두워지고, 달은 그 빛을 잃고, 별들은 하늘에서 떨어지고, 하늘의 세력들은 흔들릴 것이다. 30 그때에 인자가 올 징조가 하늘에서 나타날 터인데, 그때에는 땅에 있는 모든 민족이 가슴을 치며, 인자가 큰 권능과 영광에 싸여 하늘 구름을 타고 오는 것을 보게 될 것이다. 31 그리고 그는 자기 천사들을 큰 나팔 소리와 함께 보낼 터인데, 그들은 하늘 이 끝에서 저 끝까지 사방에서 그가 선택

**여기서 말하는 '가장 큰 재난'은 무엇을 의미하는 건가요?** 성전 파괴에 대한 적나라한 예고(2절)는 예수님의 다시 오심에 관한 질문으로 이어집니다(3절). 예수님의 답변은 우회적입니다. 거짓 메시아들(5절), 전쟁과 기근과 지진(6-8절), 박해와 속임수와 배교(9-12절)가 언급되고, 인내와 선교의 필요성이 제시됩니다(13-14절). 끝이 아니라 예비적 현상들입니다. 좀 더 심각한 박해와 고난에 관한 말씀이 뒤따르고(15-28절), 인자의 다시 오심이 소개됩니다(29-31절). 묵시적 언어로 표현돼서 이런 여러 재난의 정체를 구체적으로 파악하기는 어렵습니다. 성전 파괴와 같은 역사적 사건을 포함해 예수님께서 다시 오실 때까지 모든 기간을 포괄하는 내용으로 이해하는 것이 좋습니다. 물론 핵심은 신실한 인내의 필요성입니다.

한 사람들을 모을 것이다."

## 무화과나무의 교훈(막 13:28-31; 눅 21:29-33)

32 ○ "무화과나무에서 교훈을 배워라. 가지가 연하여지고, 잎이 돋으면, 너희는 여름이 가까이 온 줄을 안다. 33 이와 같이, 너희도 이 모든 일을 보거든, 인자가 문 앞에 가까이 온 줄을 알아라. 34 내가 진정으로 너희에게 말한다. 이 세대가 끝나기 전에, 이 모든 일이 다 일어날 것이다. 35 하늘과 땅은 없어질지라도, 나의 말은 결코 없어지지 않을 것이다."

## 그날과 그 시각은 아무도 모른다(막 13:32-37; 눅 17:26-30, 34-36)

36 ○ "그러나 그날과 그 시각은 아무도 모른다. 하늘의 천사들도 모르고, 아들도 모르고, 오직 아버지만이 아신다. 37 노아의 때와 같이, 이 인자가 올 때에도 그러할 것이다. 38 홍수 이전 시대에, 노아가 방주에 들어가는 날까지, 사람들은 먹고

인자가 오기를 기다리며 준비하라(44절)고 했는데, 무슨 준비를 어떻게 하라는 말인가요? 불시에 찾아오는 도둑 이미지를 활용한 43-44절의 핵심은 인자의 오심을 예상하고 기다리고 있으라는 것입니다. 여기서는 무언가를 하라는 구체적인 지침을 주는 것이 아니라, 항상 인자를 맞이할 준비를 하고 있으라는 뜻입니다. 마치 인자가 다시는 오시지 않을 것처럼 마음대로 살지 않도록, 그러다 불시에 인자와 마주해 낭패당하는 일이 없도록 준비하라는 일반적인 경고입니다. 인자가 언제 다시 오실지는 모르지만, 다시 오실 것은 분명합니다. 이 사실을 잊지 말고 살라는 권고입니다. 어려운 상황에도 불구하고 제자로서의 자태를 지키며, 끝까지 신실하게 살아가라는 말씀입니다. 특히 예수님께서는 위선을 경계하라고 말씀하셨습니다(51절).

마시고 장가가고 시집가며 지냈다. 39 홍수가 나서 그들을 모두 휩쓸어가기까지, 그들은 아무것도 알지 못하였다. 인자가 올 때에도 그러할 것이다. 40 그때에 두 사람이 밭에 있을 터이나, 하나는 데려가고, 하나는 버려둘 것이다. 41 두 여자가 맷돌을 갈고 있을 터이나, 하나는 데려가고, 하나는 버려둘 것이다. 42 그러므로 깨어 있어라. 너희는 너희 주님께서 어느 날에 오실지를 알지 못하기 때문이다. 43 이것을 명심하여라. 집주인이 도둑이 밤 몇 시에 올지 알고 있으면, 그는 깨어 있어서, 도둑이 집을 뚫고 들어오도록 내버려두지 않았을 것이다. 44 그러므로 너희도 준비하고 있어라. 너희가 생각하지도 않는 시각에 인자가 올 것이기 때문이다."

## 신실한 종과 신실하지 못한 종(눅 12:41-48)

45 ○ "누가 신실하고 슬기로운 종이겠느냐? 주인이 그에게 자기 집 하인들을 통솔하게 하고, 제때에 양식을 내주라고 맡겼으면, 그는 어떻게 해야 하겠느냐? 46 주인이 돌아와서 볼

**예수님이 말한 비유에는 주인과 종의 관계가 자주 등장합니다. 그렇다면 하나님과 나의 관계도 주인과 종의 관계인가요?** 하나님과 우리의 관계는 다양한 그림으로 표현됩니다. 아버지와 자식일 때도 있고, 남편과 아내일 때도 있으며, 포도원 주인과 소작인일 때도 있습니다. 주인과 종 관계도 자주 나옵니다. 문자 그대로 하나님께서는 주인이고 우리가 종이라는 뜻이 아니라, 하나님과 우리의 관계 속에는 주인과 종의 관계에서 나타나는 특징이 일부 있다는 뜻입니다. 이 관계의 핵심은 절대적인 권위입니다. 주인은 명령하고 종은 그대로 순종합니다. 성실한 종에게는 좀 더 영예로운 역할이 주어지고, 순종하지 않는 종에게는 그에 어울리는 처벌이 내려집니다. 바로 심판입니다. 선하신 하나님께서 그저 마음씨 좋은 할아버지가 아니라는 뜻입니다.

때에, 그렇게 하고 있는 그 종은 복이 있다. 47 내가 진정으로 너희에게 말한다. 주인은 자기 모든 재산을 그에게 맡길 것이다. 48 그러나 그가 나쁜 종이어서, 마음속으로 생각하기를, '주인이 늦게 오시는구나' 하면서, 49 동료들을 때리고, 술친구들과 어울려 먹고 마시면, 50 생각하지도 않은 날에, 뜻밖의 시각에 그 종의 주인이 와서 51 그 종을 처벌하고, 위선자들이 받을 벌을 내릴 것이다. 거기서 슬피 울며 이를 가는 일이 있을 것이다."

## { 제25장 }

### 열 처녀의 비유

1 "그런데, 하늘나라는 저마다 등불을 들고 신랑을 맞으러 나간 열 처녀에 비길 수 있을 것이다. 2 그 가운데서 다섯은 어리석고, 다섯은 슬기로웠다. 3 어리석은 처녀들은 등불은 가졌으나, 기름은 갖고 있지 않았다. 4 그러나 슬기로운 처녀들은 자기들의 등불과 함께 통에 기름도 마련하였다. 5 신랑이 늦어지니, 처녀들은 모두 졸다가 잠이 들었다. 6 그런데 한밤중에 외치는 소리가 났다. '보아라, 신랑이다. 나와서 맞이하여라.' 7 그때에 그 처녀들이 모두 일어나서, 제 등불을 손질하였다. 8 미련한 처녀들이 슬기로운 처녀들에게 말하기를 '우리 등불이 꺼져가니, 너희의 기름을 좀 나누어다오' 하였다. 9 그러나 슬기로운 처녀들이 대답을 하였다. '그렇게 하면, 우리에게나 너희에게나 다 모자랄 터이니, 안 된다. 차라리 기름 장수들에

**예수님은 병을 고치고 귀신을 내쫓는 일을 하다가 하나님의 나라에 대해 이야기했고, 이제는 종말의 때를 준비하고 있으라고 합니다. 예수님의 활동과 메시지는 이렇게 시간이 지남에 따라 변화되었나요?** 시간에 따라 메시지가 바뀌는 건 아니지만, 마지막이 가까워지면서 그에 어울리는 메시지가 강조되는 면은 있습니다. 26장부터는 죽음의 그림자가 짙게 드리워집니다. 24-25장은 그 분위기를 예감하신 예수님의 마지막 가르침에 해당합니다. 24장에서는 마지막 때의 어려움과 인내의 필요성을 길게 강조하셨습니다. 그리고 24장 뒷부분부터는 여러 비유를 통해 종말과 인자의 다시 오심을 준비하는 태도에 관해 좀 더 실제적인 가르침을 주셨습니다. 하지만 25장 31-46절에서 보듯, 실제 제자들에게 요구되는 태도는 달라지지 않습니다. 다만 제자다운 삶을 살아야 할 '종말론적' 근거가 더욱 선명하게 드러날 뿐입니다.

게 가서, 사서 써라.' 10 미련한 처녀들이 기름을 사러 간 사이에 신랑이 왔다. 준비하고 있던 처녀들은 신랑과 함께 혼인 잔치에 들어가고, 문은 닫혔다. 11 그 뒤에 나머지 처녀들이 와서 '주님, 주님, 문을 열어주십시오' 하고 애원하였다. 12 그러나 신랑이 대답하기를 '내가 진정으로 너희에게 말한다. 나는 너희를 알지 못한다' 하였다. 13 그러므로 깨어 있어라. 너희는 그날과 그 시각을 알지 못하기 때문이다."

## 달란트 비유(눅 19:11-27)

14 ○ "또 하늘나라는 이런 사정과 같다. 어떤 사람이 여행을 떠나면서, 자기 종들을 불러서, 자기의 재산을 그들에게 맡겼다. 15 그는 각 사람의 능력을 따라, 한 사람에게는 다섯 달란트를 주고, 또 한 사람에게는 두 달란트를 주고, 또 다른 한 사람에게는 한 달란트를 주고 떠났다. 16 다섯 달란트를 받은 사람은 곧 가서, 그것으로 장사를 하여, 다섯 달란트를 더 벌었다. 17 두 달란트를 받은 사람도 그와 같이 하여, 두 달란트를

**달란트 비유에서 주인은 매우 계산적으로 보입니다. 이 비유가 말하고자 하는 것은 무엇인가요?** 달란트 비유의 핵심은 책임입니다. 주인이 종에게 달란트를 위임하는 것은 하나님께서 우리에게 베풀어주시는 은혜입니다. 하지만 주어지는 은혜에는 그에 상응하는 책임이 따릅니다. 하나님의 은혜는 공짜로 주어지지만, 그렇다고 공연히 주어지는 것은 아닙니다. 그래서 성실한 종은 각각 받은 은혜에 어울리는 결과를 내어놓습니다. 반면 '악하고 게으른' 종은 주어진 은혜를 무시합니다. 당연히 은혜에 어울리는 결과가 산출되지 않습니다. 하나님께서는 이런 상황을 용납하지 않으십니다. 우리가 하나님 앞에서 책임을 피할 수 있는 길은 없습니다. 이것은 마태복음서 전체에 걸쳐 계속 반복되는 핵심 주제 중 하나입니다.

더 벌었다. 18 그러나 한 달란트 받은 사람은 가서, 땅을 파고, 주인의 돈을 숨겼다. 19 오랜 뒤에, 그 종들의 주인이 돌아와서, 그들과 셈을 하게 되었다. 20 다섯 달란트를 받은 사람은 다섯 달란트를 더 가지고 와서 말하기를 '주인님, 주인께서 다섯 달란트를 내게 맡기셨는데, 보십시오, 다섯 달란트를 더 벌었습니다' 하였다. 21 그의 주인이 그에게 말하였다. '잘했다! 착하고 신실한 종아. 네가 적은 일에 신실하였으니, 이제 내가 많은 일을 네게 맡기겠다. 와서, 주인과 함께 기쁨을 누려라.' 22 두 달란트를 받은 사람도 다가와서 '주인님, 주인님께서 두 달란트를 내게 맡기셨는데, 보십시오, 두 달란트를 더 벌었습니다' 하고 말하였다. 23 그의 주인이 그에게 말하였다. '잘했다, 착하고 신실한 종아! 네가 적은 일에 신실하였으니, 이제 내가 많은 일을 네게 맡기겠다. 와서, 주인과 함께 기쁨을 누려라.' 24 그러나 한 달란트를 받은 사람은 다가와서 말하였다. '주인님, 나는, 주인이 굳은 분이시라, 심지 않은 데서 거두시고, 뿌리지 않은 데서 모으시는 줄로 알고, 25 무서워하여 물러가서, 그 달란트를 땅에 숨겨두었습니다. 보십시오, 여기

**"슬피 울며 이를 가는 일이 있을 것"(30절)이라는 말은 유대인의 관용적인 표현인가요? 무슨 뜻인가요?** 심판을 묘사하는 전형적인 표현 가운데 하나입니다. 천국이 안에서 아브라함과 함께 먹는 즐거운 잔치라면(8:11), 심판은 바깥 어두운 곳에서 슬피 울며 이를 가는 것으로 그려집니다(8:12; 13:42, 50; 22:13; 24:51; 25:30). '이를 가는' 행위는 증오를 표현합니다. 심판을 받지만 하나님께 복종하는 상태가 되지는 않습니다. 물론 결과를 되돌릴 수는 없습니다. 구원은 하나님의 영광스러운 자리에 함께하는 것입니다. 반대로 심판은 구원자에게서 '떠나는' 것으로, 그리하여 바깥의 어둠에 던져지는 것으로 나타납니다. 심판의 자리인 '바깥 어두운 곳'은 성경 기록이 없는 시기인 신구약의 중간기 유대 문서에 자주 나타납니다.

에 그 돈이 있으니, 받으십시오.' 26 그러자 그의 주인이 그에게 말하였다. '악하고 게으른 종아, 너는 내가 심지 않은 데서 거두고, 뿌리지 않은 데서 모으는 줄 알았다. 27 그렇다면, 너는 내 돈을 돈놀이하는 사람에게 맡겼어야 했다. 그랬더라면, 내가 와서, 내 돈에 이자를 붙여 받았을 것이다. 28 그에게서 그 한 달란트를 빼앗아서, 열 달란트 가진 사람에게 주어라. 29 가진 사람에게는 더 주어서 넘치게 하고, 갖지 못한 사람에게서는 있는 것마저 빼앗을 것이다. 30 이 쓸모없는 종을 바깥 어두운 데로 내쫓아라. 거기서 슬피 울며 이를 가는 일이 있을 것이다.'"

## 최후의 심판

31 ○ "인자가 모든 천사와 더불어 영광에 둘러싸여서 올 때에, 그는 자기의 영광의 보좌에 앉을 것이다. 32 그는 모든 민족을 그의 앞에 불러 모아, 목자가 양과 염소를 가르듯이 그들

**예수님의 가르침을 보면 세상에서 가장 보잘것없는 사람에게 해준 행위에 따라 그 사람의 최후가 달라집니다. 정말 행위가 중요한가요?** 신약성경 전체를 관통하는 관심사 중 하나는 예수님의 재림 이전, 곧 그분이 이 땅에 계시지 않는 부재의 시간에 어떻게 예수님과 살아 있는 관계를 유지하느냐 하는 물음입니다. 마태복음서는 그 답을 제자도, 곧 말씀에 대한 순종으로 제시합니다. 위선적인 언어가 아니라 실천으로 나타나는 신앙입니다. 따라서 지금 우리 가운데 가장 미미한 존재에게 베푸는 사랑은 다름 아닌 주님을 사랑하는 것과 같습니다. 그 반대도 마찬가지입니다. 현재는 우리 옆의 이웃이 우리가 실제로 사랑을 베풀 수 있는 유일한 대상이기 때문입니다. 주님을 부르는 경건의 언어로 이웃을 향한 책임을 회피하는 것은 예수님께서 가장 혐오하시는 위선의 태도입니다.

을 갈라서, 33 양은 그의 오른쪽에, 염소는 그의 왼쪽에 세울 것이다. 34 그때에 임금은 자기 오른쪽에 있는 사람들에게 말하기를 '내 아버지께 복을 받은 사람들아, 와서, 창세 때로부터 너희를 위하여 준비한 이 나라를 차지하여라. 35 너희는, 내가 주릴 때에 내게 먹을 것을 주었고, 목마를 때에 마실 것을 주었으며, 나그네로 있을 때에 영접하였고, 36 헐벗을 때에 입을 것을 주었고, 병들어 있을 때에 돌보아주었고, 감옥에 갇혀 있을 때에 찾아주었다' 할 것이다. 37 그때에 의인들은 그에게 대답하기를 '주님, 우리가 언제, 주님께서 주리신 것을 보고 잡수실 것을 드리고, 목마르신 것을 보고 마실 것을 드리고, 38 나그네 되신 것을 보고 영접하고, 헐벗으신 것을 보고 입을 것을 드리고, 39 언제 병드시거나 감옥에 갇히신 것을 보고 찾아갔습니까?' 하고 말할 것이다. 40 임금이 그들에게 말하기를 '내가 진정으로 너희에게 말한다. 너희가 여기 내 형제자매 가운데, 지극히 보잘것없는 사람 하나에게 한 것이 곧 내게 한 것이다' 할 것이다. 41 그때에 임금은 왼쪽에 있는 사람들에게도 말할 것이다. '저주받은 자들아, 내게서 떠나서, 악마와 그 졸

**오른쪽과 왼쪽. 예시의 내용은 위치에 따라 완전히 달라집니다. 오른쪽과 왼쪽은 그냥 막연한 위치인가요, 아니면 어떤 의미가 있나요?** 일종의 관용적인 표현입니다. 이 해설을 쓰는 저와 같은 왼손잡이들에게는 섭섭한 일이지만, 전통적으로 오른쪽은 올바름을, 왼쪽은 바르지 못함을 가리킵니다. 영어로도 오른쪽은 'right'이라 부르고, 우리도 종종 오른손을 '바른손'이라 부르곤 합니다. 오른편에 선 사람들은 잘했다고 인정을 받아 하나님 나라에 들어갈 사람들, 왼편에 선 사람들은 잘못 살아서 심판에 처해질 사람들입니다. 염소에겐 미안하지만, 양과 염소도 같은 뜻으로 사용되었습니다. 제대로 산 사람은 양으로 오른쪽에, 반대의 사람들은 염소로 왼쪽에 보내집니다. 양과 염소의 이미지와 상대적인 가치 때문에 생겨난 언어 습관입니다.

개들을 가두려고 준비한 영원한 불 속으로 들어가라. 42 너희는 내가 주릴 때에 내게 먹을 것을 주지 않았고, 목마를 때에 마실 것을 주지 않았고, 43 나그네로 있을 때에 영접하지 않았고, 헐벗었을 때에 입을 것을 주지 않았고, 병들어 있을 때나 감옥에 갇혀 있을 때에 찾아주지 않았다.' 44 그때에 그들도 이렇게 말할 것이다. '주님, 우리가 언제 주님께서 굶주리신 것이나, 목마르신 것이나, 나그네 되신 것이나, 헐벗으신 것이나, 병드신 것이나, 감옥에 갇히신 것을 보고도 돌보아드리지 않았다는 것입니까?' 45 그때에 임금이 그들에게 대답하기를 '내가 진정으로 너희에게 말한다. 여기 이 사람들 가운데서 지극히 보잘것없는 사람 하나에게 하지 않은 것이 곧 내게 하지 않은 것이다' 하고 말할 것이다. 46 그리하여, 그들은 영원한 형벌로 들어가고, 의인들은 영원한 생명으로 들어갈 것이다."

# {제26장}

## **예수를 죽일 음모**(막 14:1–2; 눅 22:1–2; 요 11:45–53)

1 예수께서 이 모든 말씀을 마치셨을 때에, 자기 제자들에게 말씀하셨다. 2 "너희가 아는 대로, 이틀이 지나면 유월절인데, 인자가 넘겨져서 십자가에 달릴 것이다."
3 ○ 그즈음에 대제사장들과 백성의 장로들이 가야바라는 대제사장의 관저에 모여서, 4 예수를 속임수로 잡아서 죽이려고 모의하였다. 5 그러나 그들은 "백성 가운데서 소동이 일어날지도 모르니, 명절에는 하지 맙시다" 하고 말하였다.

## **어떤 여자가 예수의 머리에 향유를 붓다**(막 14:3–9; 요 12:1–8)

6 ○ 그런데 예수께서 베다니에서 나병 환자 시몬의 집에 계실 때에, 7 한 여자가 매우 값진 향유 한 옥합을 가지고 와서는, 음식을 잡수시고 계시는 예수의 머리에 부었다. 8 그런데 제자들이 이것을 보고 분개하여 말하였다. "왜 이렇게 낭비하는 거

**유월절은 어떤 날인가요?** 유월절(踰越節)은 과거 이스라엘 백성이 출애굽할 때 하나님의 사자가 이집트 사람들의 맏아들은 죽이고 이스라엘 자손의 집은 그냥 '넘어 갔던' 데서 생긴 이름입니다. 이집트의 노예살이로부터 해방된 것을 기념하는 유대인의 광복절입니다(출 12:1–30; 민 9:1–14; 신 16:1–8). 이때 유대인들은 양을 잡아 그 피를 문설주 등에 바르고, 온 가족이 누룩이 없는 빵을 식사로 먹으며 오래전 해방의 감격을 되새깁니다. 마태복음서는 예수님께서 제자들과 나눈 마지막 식사를 유월절 식사로 그립니다(26:17–30). 이스라엘의 구원을 상징하는 유월절 희생양과 그 피는 예수님의 희생의 의미를 설명하는 데 활용되기도 합니다(고전 5:7).

요? 9 이 향유를 비싼 값에 팔아서, 가난한 사람들에게 줄 수 있었을 텐데요!" 10 예수께서 이것을 보시고 그들에게 말씀하셨다. "왜 이 여자를 괴롭히느냐? 그는 내게 아름다운 일을 하였다. 11 가난한 사람들은 늘 너희와 함께 있지만, 나는 늘 너희와 함께 있는 것이 아니다. 12 이 여자가 내 몸에 향유를 부은 것은, 내 장례를 치르려고 한 것이다. 13 내가 진정으로 너희에게 말한다. 온 세상 어디서든지, 이 복음이 전파되는 곳에서는, 이 여자가 한 일도 전해져서, 그를 기억하게 될 것이다."

## 유다가 예수를 넘겨주기로 합의하다(막 14:10–11; 눅 22:3–6)

14 ○ 그때에 열두 제자 가운데 하나인 가룟 사람 유다라는 자가, 대제사장들에게 가서, 15 이렇게 말하였다. "내가 예수를 여러분에게 넘겨주면, 여러분은 내게 무엇을 주실 작정입니까?" 그들은 유다에게 은돈 서른 닢을 셈하여주었다. 16 그때부터 유다는 예수를 넘겨주려고 기회를 노리고 있었다.

**비싼 향유에 대한 제자들의 반응은 너무나 합리적으로 보이는데, 예수님은 전혀 다른 이야기를 합니다. 어떤 숨은 뜻이 있나요?** 여인이 어떤 동기로 예수님의 머리에 향유를 부었는지는 분명치 않습니다. 일상적인 관점에서 제자들은 값비싼 향유를 그렇게 많이 낭비하는 것을 비난합니다. '가난한 사람들'에 대한 언급은 낭비의 심각함을 더욱 분명히 보여줍니다. 반면 예수님께서는 현 상황이 일상적이라는 생각을 교정하십니다. 늘 함께 있을 가난한 사람들과는 달리, 예수님께서는 제자들과 함께할 시간이 얼마 없습니다. 곧 죽음의 길을 가셔야 하기 때문입니다. 이 긴장된 짧은 시간에 예수님께서는 여인의 행동이 예수님 자신의 죽음을 미리 앞당긴 일종의 장례 의식으로 간주하십니다. 그리고 예수님의 죽음을 준비하는 행동으로 복음과 더불어 널리 알려질 것이라 말씀하십니다.

## 유월절 음식을 나누시다(막 14:12-21; 눅 22:7-14, 21-23; 요 13:21-30)

17 ○ 무교절 첫째 날에 제자들이 예수께 다가와서 말하였다. "우리가, 선생님께서 유월절 음식을 잡수시게 준비하려고 하는데, 어디에다 하기를 바라십니까?" 18 예수께서 말씀하셨다. "성 안으로 아무를 찾아가서, '선생님께서 말씀하시기를, 내 때가 가까워졌으니, 내가 그대의 집에서 제자들과 함께 유월절을 지키겠다고 하십니다' 하고 그에게 말하여라." 19 그래서 제자들은, 예수께서 그들에게 분부하신 대로 하여, 유월절을 준비하였다.

20 ○ 저녁때가 되어서, 예수께서는 열두 제자와 함께 식탁에 앉아계셨다. 21 그들이 먹고 있을 때에, 예수께서 말씀하셨다. "내가 진정으로 너희에게 말한다. 너희 가운데 한 사람이 나를 넘겨줄 것이다." 22 그들은 몹시 걱정이 되어, 저마다 "주님, 나는 아니지요?" 하고 말하기 시작하였다. 23 예수께서 대답하셨다. "나와 함께 이 대접에 손을 담근 사람이, 나를 넘겨줄 것이다. 24 인자는 자기에 관하여 성경에 기록되어 있는 대로 떠나

**당시 은돈 서른 닢의 가치는 어느 정도였나요?** 여기서 '닢'은 '세겔'입니다. 성전세 이야기에서 나왔던 것처럼(17:24-27), 두 드라크마는 곧 두 데나리온이며 반 세겔과 같으므로 30세겔이면 120데나리온입니다. 성인 남자의 대략 넉 달 치 급료에 해당합니다. 하지만 이 돈의 경제적 가치보다는 성경에서 주는 울림이 더 중요합니다. 내 소가 남의 종을 들이받아 상해를 입히면 그 종의 주인에게 물어줘야 할 액수가 30세겔입니다(출 21:32). 스가랴서 11장 12-13절에서도 이 액수가 나옵니다. 저자 마태는 스가랴서의 말씀을 떠올리게 함으로써 유다라는 한 인간의 계획을 하나님의 더 큰 계획의 일부로 편입시킵니다. 유다는 종종 인간의 도덕적인 책임과 하나님의 절대적인 주권에 관한 흥미로운 물음의 사례로 등장하곤 합니다.

가지만, 인자를 넘겨주는 그 사람은 화가 있다. 그 사람은 차라리 태어나지 않았더라면, 자기에게 좋았을 것이다." 25 예수를 넘겨줄 사람인 유다가 말하기를 "선생님, 나는 아니지요?" 하니, 예수께서 그에게 "네가 말하였다" 하고 대답하셨다.

## 마지막 만찬(막 14:22-26; 눅 22:15-20; 고전 11:23-25)

26 ○ 그들이 먹고 있을 때에, 예수께서 빵을 들어서 축복하신 다음에, 떼어서 제자들에게 주시고 말씀하셨다. "받아서 먹어라. 이것은 내 몸이다." 27 또 잔을 들어서 감사 기도를 드리신 다음에, 그들에게 주시고 말씀하셨다. "모두 돌려가며 이 잔을 마셔라. 28 이것은 죄를 사하여주려고 많은 사람을 위하여 흘리는 나의 피, 곧 언약의 피다. 29 내가 너희에게 말한다. 이제부터 내가 나의 아버지의 나라에서 너희와 함께 새것을 마실 그날까지, 나는 포도나무 열매로 빚은 것을 절대로 마시지 않을 것이다."

30 ○ 그들은 찬송을 부르고, 올리브산으로 갔다.

**분위기로는 마지막이라는 특별함이 전혀 느껴지지 않는데요. 제자들은 그 저녁 식사가 마지막 만찬이라는 걸 알고 있었나요?** 예수님께서는 자신의 죽음에 대해 자주 예고하셨지만, 제자들은 그 실제 의미를 체감하지 못했습니다. 절박한 기도의 시간에도 그들은 졸았고(36-46절), 예수님께서 병사들에게 잡히실 때도 제자들은 칼을 쓰며 저항하려 하다가 예수님으로부터 저지를 당합니다(51-54절). 상황을 전혀 인지하지 못했다는 뜻입니다. 하지만 암울한 분위기는 피하기 어려웠습니다. 특히 예수님께서 식사 도중 제자들 가운데 한 사람이 자신을 배반할 것이라고 말씀하시자, 제자들은 매우 격한 반응을 보입니다(21-25절). 구체적으로는 깨닫지 못했지만, 아마 무언가 결정적인 상황이 다가오고 있다는 사실은 감지했을 것입니다.

## 베드로가 부인할 것을 예고하시다(막 14:27-31; 눅 22:31-34; 요 13:36-38)

31 ○ 그때에 예수께서 제자들에게 말씀하셨다. "오늘 밤에 너희는 모두 나를 버릴 것이다. 성경에 기록하기를 '내가 목자를 칠 것이니, 양 떼가 흩어질 것이다' 하였다. 32 그러나 내가 살아난 뒤에, 너희보다 먼저 갈릴리로 갈 것이다." 33 베드로가 예수께 말하였다. "비록 모든 사람이 다 주님을 버릴지라도, 나는 절대로 버리지 않겠습니다." 34 예수께서 그에게 말씀하셨다. "내가 진정으로 네게 말한다. 오늘 밤에 닭이 울기 전에, 네가 세 번 나를 모른다고 할 것이다." 35 베드로가 예수께 말하였다. "주님과 함께 죽는 한이 있을지라도, 절대로 주님을 모른다고 하지 않겠습니다." 그리고 다른 제자들도 모두 그렇게 말하였다.

## 겟세마네에서 기도하시다(막 14:32-42; 눅 22:39-46)

36 ○ 그때에 예수께서 제자들과 함께 겟세마네라고 하는 곳

**닭이 울기 전에 세 번. 베드로의 부인에 대한 예고는 너무나 구체적입니다. 제자들 중 굳이 베드로의 부인을 성경에 남겨둔 의도는 무엇인가요?** 마태복음서부터 요한복음서까지 네 개의 복음서에 모두 등장하는 유명한 일화입니다. 워낙 잘 알려진 이야기라 빼기도 어려웠을 것입니다. 또 교회의 큰 지도자 베드로의 잘못이라는 점에서 더욱 의미가 컸을 것입니다. 그렇다고 다른 제자가 베드로보다 더 나았던 것은 전혀 아닙니다. 다만 매사에 베드로가 제자들을 대표해 말했던 것처럼, 예수님을 부인하는 일에도 그랬던 것이라 할 수 있습니다(35절). 이 사건은 예수님의 예언자로서의 면모를 보여주기도 하고, 인간의 나약함을 보여주기도 합니다. 베드로는 이렇게 큰소리쳤지만, 기도하다 졸고, 급기야 예수님을 부인하기까지 합니다. 예수님의 경고를 받고서도 그랬습니다. 결국 참 믿음은 예수님의 십자가와 부활을 거쳐야 가능한 것이었습니다.

에 가서, 그들에게 말씀하셨다. "내가 저기 가서 기도하는 동안에, 너희는 여기에 앉아 있어라." 37 그리고 베드로와 세베대의 두 아들을 데리고 가서, 근심하며 괴로워하기 시작하셨다. 38 그때에 예수께서 그들에게 말씀하셨다. "내 마음이 괴로워 죽을 지경이다. 너희는 여기에 머무르며 나와 함께 깨어 있어라." 39 예수께서는 조금 더 나아가서, 얼굴을 땅에 대고 엎드려서 기도하셨다. "나의 아버지, 하실 수만 있으시면, 이 잔을 내게서 지나가게 해주십시오. 그러나 내 뜻대로 하지 마시고, 아버지의 뜻대로 해주십시오." 40 그리고 제자들에게 와서 보시니, 그들은 자고 있었다. 그래서 베드로에게 말씀하셨다. "이렇게 너희는 한 시간도 나와 함께 깨어 있을 수 없느냐? 41 시험에 빠지지 않도록, 깨어서 기도하여라. 마음은 원하지만, 육신이 약하구나!" 42 예수께서 다시 두 번째로 가서, 기도하셨다. "나의 아버지, 내가 마시지 않고서는 이 잔이 내게서 지나갈 수 없는 것이면, 아버지의 뜻대로 해주십시오." 43 예수께서 다시 와서 보시니, 그들은 자고 있었다. 그들

**예수님이 마지막으로 기도한 겟세마네라는 곳은 매우 특별한 의미가 있을 것 같습니다. 어떤 장소인가요?** 올리브산(Mount of Olives)은 개역개정 성경에서 감람산으로 번역되었는데, 기드론 골짜기를 사이에 두고 성전산과 마주 보고 서 있습니다. 24장에서는 예수님께서 이 산에서 건너편 성전을 마주 보며 성전의 파괴를 예언하셨습니다(24:3). 유월절 식사 후 예수님께서는 제자들과 함께 올리브산으로 가셨고, 이 산의 겟세마네라는 장소에 자리를 잡으셨습니다. '겟세마네'는 '기름 짜는 틀'(Oil Press)이라는 의미를 담고 있습니다. 올리브 농사를 짓는 곳에 어울리는 이름입니다. 겟세마네는 교회에서 의미 있는 중요한 장소로 여겨집니다. 자신의 죽음을 앞두고 예수님께서 "내 뜻대로 하지 마시고 아버지의 뜻대로 해주십시오" 하는 유명한 기도를 드렸던 곳이기도 하고, 이후 그분이 실제로 체포된 장소이기도 합니다.

은 너무 졸려서 눈을 뜰 수 없었던 것이다. 44 예수께서는 그들을 그대로 두고 다시 가서, 또다시 같은 말씀으로 세 번째로 기도하셨다. 45 그리고 제자들에게 와서, 그들에게 말씀하셨다. "이제 남은 시간은 자고 쉬어라. 보아라, 때가 이르렀다. 인자가 죄인들의 손에 넘어간다. 46 일어나서 가자. 보아라, 나를 넘겨줄 자가 가까이 왔다."

### 예수께서 잡히시다(막 14:43-50; 눅 22:47-53; 요 18:3-12)

47 ○ 예수께서 아직 말씀하고 계실 때에, 열두 제자 가운데 하나인 유다가 왔다. 대제사장들과 백성의 장로들이 보낸 무리가 칼과 몽둥이를 들고 그와 함께하였다. 48 그런데 예수를 넘겨줄 자가 그들에게 암호를 정하여주기를 "내가 입을 맞추는 사람이 바로 그 사람이니, 그를 잡으시오" 하고 말해놓았다. 49 유다가 곧바로 예수께 다가가서 "안녕하십니까? 선생님!" 하고 말하고, 그에게 입을 맞추었다. 50 예수께서 그에게

예수님은 열심히 기도하지만, 대제사장들과 장로들이 보낸 무리에게 잡히고 맙니다. 하나님의 아들이라는 이의 기도도 하나님에게 거절당한 건가요? 겟세마네 동산의 기도는 모든 기도의 모범 사례입니다. 처음 기도는 인간적인 욕망에서 시작합니다. 그러나 긴장된 기도가 이어지면서 나의 바람은 물러나고 아버지의 뜻에 대한 생각이 자리를 채웁니다. 결국 기도는 '내 뜻대로'가 아니라 "아버지의 뜻대로 해주십시오" 하는 말로 마무리됩니다. 세 번의 반복은 이 갈등의 힘겨움을 나타냅니다. 예수님의 희망은 성취되었습니다. 그러나 동시에 이 기도가 예수님의 희망 자체를 바꾸어놓습니다. 예수님께서는 기도 속에서 자신의 생각을 버리고 하나님의 생각에 따를 용기와 결단을 얻으십니다. 이것이 믿음으로 구하는 기도의 참 모습입니다. 기도라는 만남의 공간 속에서 하나님의 은총과 힘이 우리를 찾아오는 것입니다.

"친구여, 무엇 하러 여기에 왔느냐?" 하고 말씀하시니, 그들이 다가와서, 예수께 손을 대어 붙잡았다. 51 그때에 예수와 함께 있던 사람들 가운데 한 사람이 손을 뻗쳐 자기 칼을 빼어, 대제사장의 종을 내리쳐서, 그 귀를 잘랐다. 52 그때에 예수께서 그에게 말씀하셨다. "네 칼을 칼집에 도로 꽂아라. 칼을 쓰는 사람은 모두 칼로 망한다. 53 너희는, 내가 나의 아버지께, 당장에 열두 군단 이상의 천사들을 내 곁에 세워주시기를 청할 수 있다고 생각하지 않느냐? 54 그러나 그렇게 되면, 이런 일이 반드시 일어나야 한다고 한 성경 말씀이 어떻게 이루어지겠느냐?" 55 그때에 예수께서 무리에게 말씀하셨다. "너희는 강도에게 하듯이, 칼과 몽둥이를 들고 나를 잡으러 왔느냐? 내가 날마다 성전에 앉아서 가르치고 있었건만, 너희는 내게 손을 대지 않았다. 56 그러나 이 모든 일을 이렇게 되게 하신 것은, 예언자들의 글을 이루려고 하신 것이다." 그때에 제자들은 모두, 예수를 버리고 달아났다.

**예수님께 입을 맞추는 유다, 그리고 그를 향해 "친구여"라고 말한 예수님. 여기서 '친구'라는 표현이 좀 생소한데, 어떤 의미인가요?** 입을 맞추는 것은 당시 가까운 사람들끼리 만날 때 나누는 인사입니다. 49절의 "선생님"이라는 부름은 개역개정 성경에서는 "랍비여"라는 표현으로 번역되었는데, 존경의 말입니다. 이 둘은 모두 친밀감과 유대감을 표현하는 행동이지만, 역설적으로 여기서는 어둠 속에서 누가 예수님인지를 알려주는 배신의 신호로 활용됩니다. "친구여"는 진짜 친구(필로스, Philos)가 아니라 어느 상대에게나 사용할 수 있는 일반적인 호칭입니다. 왕이나 고용주가 신하나 일꾼을 부를 때 사용하기도 하고(20:13; 22:12), 동료들을 부를 때 사용하기도 합니다(11:19). 상하관계를 고려하면, "여보게" 정도로 이해할 수 있습니다. 친밀함의 표현이 아니라, 오히려 상황을 이미 아시는 예수님께서 유다와 마음의 거리를 벌리는 장면으로 이해할 수 있습니다.

## 의회 앞에 서시다(막 14:53-65; 눅 22:54-55, 63-71; 요 18:12-14, 19-24)

57 ○ 예수를 잡은 사람들은 그를 대제사장 가야바에게로 끌고 갔다. 거기에는 율법학자들과 장로들이 모여 있었다. 58 그런데 베드로는 멀찍이 떨어져서 예수를 뒤따라 대제사장의 집 안마당에까지 갔다. 그는 결말을 보려고 안으로 들어가서, 하인들 틈에 끼여 앉았다. 59 대제사장들과 온 공의회가 예수를 사형에 처하려고, 그분을 고발할 거짓 증거를 찾고 있었다. 60 많은 사람이 나서서 거짓 증언을 하였으나, 쓸 만한 증거는 얻지 못하였다. 그런데 마침내 두 사람이 나서서 61 말하였다. "이 사람이 하나님의 성전을 허물고, 사흘 만에 세울 수 있다고 하였습니다." 62 그러자, 대제사장이 일어서서, 예수께 말하였다. "이 사람들이 그대에게 불리하게 증언하는데도, 아무 답변도 하지 않소?" 63 그러나 예수께서는 잠자코 계셨다. 그래서 대제사장이 예수께 말하였다. "내가 살아계신 하나님을 걸고 그대에게 명령하니, 우리에게 말해주시오. 그대가 하나님의 아들 그리스도요?" 64 예수께서 그에게 말씀하셨다. "당

**대제사장과 공의회는 당시 이스라엘에서 어떤 권력기관이었나요?** 로마 치하에서 대제사장은 유대인 내부의 일을 관장하는 최고 권력자였습니다. 외교와 군사, 특히 세금과 같은 중요 분야는 총독이 관할하지만, 그 외에 유대 사회 내부의 사안은 대제사장의 통제 아래 있었습니다. 유대 사회의 중심에 성전이 있었고, 대제사장은 그 성전을 관장하는 종교와 정치의 실권자였습니다. 대제사장을 우두머리로 하는 공의회는 산헤드린 공회를 의미하는데, 공회원들과 율법학자들로 구성된 유대 사회의 최고 법정입니다. 내치의 최고 권력기관이지만, 십자가 처형 같은 권한은 없었던 것으로 보입니다. 그래서 이들은 예수님을 처형하기 위해 빌라도를 설득하는 힘겨운 줄다리기를 벌입니다.

신이 말하였소. 그러나 내가 당신들에게 다시 말하오. 이제로부터 당신들은, 인자가 권능의 보좌 오른쪽에 앉아 있는 것과, 하늘 구름을 타고 오는 것을, 보게 될 것이오." 65 그때에 대제사장은 자기 옷을 찢고, 큰 소리로 말하였다. "그가 하나님을 모독하였소. 이제 우리에게 이 이상 증인이 무슨 필요가 있겠소? 보시오, 여러분은 방금 하나님을 모독하는 말을 들었소. 66 여러분의 생각은 어떠하오?" 그러자 그들이 대답하였다. "그는 사형을 받아야 합니다." 67 그때에 그들은 예수의 얼굴에 침을 뱉고, 그를 주먹으로 치고, 또 더러는 손바닥으로 때리기도 하며, 68 말하였다. "그리스도야, 너를 때린 사람이 누구인지 알아맞추어 보아라."

## 베드로가 예수를 모른다고 하다(막 14:66–72; 눅 22:56–62; 요 18:15–18, 25–27)

69 ○ 베드로가 안뜰 바깥쪽에 앉아 있었는데, 한 하녀가 그에게 다가와서 말하였다. "당신도 저 갈릴리 사람 예수와 함

**유대인들에게 하나님을 모독하는 말은 가장 중한 죄에 해당하나요?** 전통적으로 유대 사회는 대제사장이 중심에 선 신정국가(Temple–State, 神政國家)입니다. 그런 나라에서, 그것도 대제사장이 관장하는 공의회에서 하나님을 모독하는 발언이나 행위는 당연히 용납될 수 없습니다. 예수님께서는 구약성경 다니엘서의 초월적 존재인 '인자 같은 분'(단 7:13)과 자신을 동일시하십니다(마 26:64). 스스로를 하나님의 영광을 공유할 존재로 내세우신 것입니다. 아마도 공회의는 거룩한 성전과 대제사장의 섬김을 통해서만 중재될 거룩하신 하나님의 임재(Presence)를 예수님께서 사적으로 전유한 것으로 여겼을 겁니다. 공의회는 증인도 없이 바로 의견 일치를 보고, 날이 밝자마자 사형선고를 내립니다. 물론 실제 집행은 전혀 다른 문제입니다.

께 다닌 사람이네요." 70 베드로는 여러 사람 앞에서 부인하였다. "나는 네가 무슨 말을 하는지 모르겠다." 71 그러고서 베드로가 대문 있는 데로 나갔을 때에, 다른 하녀가 그를 보고, 거기에 있는 사람들에게 말하였다. "이 사람은 나사렛 예수와 함께 다니던 사람입니다." 72 그러자 베드로는 맹세하고 다시 부인하였다. "나는 그 사람을 알지 못하오." 73 조금 뒤에 거기에서 있는 사람들이 베드로에게 다가와서 베드로에게 말하였다. "당신은 틀림없이 그들과 한패요. 당신의 말씨를 보니, 당신이 누군지 분명히 드러나오." 74 그때에 베드로는 저주하며 맹세하여 말하였다. "나는 그 사람을 알지 못하오." 그러자 곧 닭이 울었다. 75 베드로는 "닭이 울기 전에, 네가 나를 세 번 부인할 것이다" 하신 예수의 말씀이 생각나서, 바깥으로 나가서 몹시 울었다.

## {제27장}

### 빌라도 앞에 서시다(막 15:1; 눅 23:1-2; 요 18:28-32)

1 새벽이 되어서, 대제사장들과 백성의 장로들이 모두 예수를 죽이기로 결의하였다. 2 그들은 예수를 결박하여 끌고 가서, 총독 빌라도에게 넘겨주었다.

### 유다가 자살하다(행 1:18-19)

3 ○ 그때에, 예수를 넘겨준 유다는, 그가 유죄판결을 받으신 것을 보고 뉘우쳐, 그 은돈 서른 닢을 대제사장들과 장로들에게 돌려주고, 4 말하였다. "내가 죄 없는 피를 팔아넘김으로 죄를 지었소." 그러나 그들은 "그것이 우리와 무슨 상관이요? 그대의 문제요" 하고 말하였다. 5 유다는 그 은돈을 성전에 내던지고 물러가서, 스스로 목을 매달아 죽었다. 6 대제사장들은 그 은돈을 거두고 말하였다. "이것은 피값이니, 성전 금고에

**총독 빌라도는 어떤 인물인가요?** 로마의 제2대 황제 티베리우스 때 유대와 사마리아 지방의 총독으로 파견되어 26-36년 사이 이 지역을 다스렸습니다. 요세푸스나 필로 등 유대 역사가들은 그를 불안정하고 잔인하며, 유대인들의 민족적, 종교적 정서를 존중하지 않았던 완고한 인물로 그립니다. 빌라도는 사마리아인들을 집단 살해한 일로 황제에게 불려가기도 했습니다. 복음서에서 그는 예수님께서 실제로는 무죄인 것을 알면서도 대제사장을 비롯한 유대인 대중의 여론에 못 이겨 십자가 처형을 선고하는데, 그 결과 사도신경에 예수님의 처형자로 이름을 올렸습니다. 1961년에는 총독 관저가 있었던 지중해 가이사랴에서 그의 이름이 적힌 헌정 비문이 발견되기도 했습니다.

넣으면 안 되오." 7 그들은 의논한 끝에, 그 돈으로 토기장이의 밭을 사서, 나그네들의 묘지로 사용하기로 하였다. 8 그 밭은 오늘날까지 피밭이라고 한다. 9 그래서 예언자 예레미야를 시켜서 하신 말씀이 이루어졌다. "그들이 은돈 서른 닢, 곧 이스라엘 자손이 값을 매긴 사람의 몸값을 받아서, 10 그것을 주고 토기장이의 밭을 샀으니, 주님께서 내게 지시하신 그대로다."

## 빌라도에게 신문을 받으시다(막 15:2-5; 눅 23:3-5; 요 18:33-38)

11 ○ 예수께서 총독 앞에 서시니, 총독이 예수께 물었다. "당신이 유대인의 왕이오?" 그러나 예수께서는 "당신이 그렇게 말하고 있소" 하고 말씀하셨다. 12 예수께서는 대제사장들과 장로들이 고발하는 말에는 아무 대답도 하지 않으셨다. 13 그때에 빌라도가 예수께 말하였다. "사람들이 저렇게 여러 가지로 당신에게 불리한 증언을 하는데, 들리지 않소?" 14 예수께서 한마디도, 단 한 가지 고발에도 대답하지 않으시니, 총독은 매우 이상히 여겼다.

**왜 예수님은 빌라도 앞에서 고발 내용을 들으면서도 아무 말도 하지 않았나요?** 마가복음서는 예수님을 겨냥한 대제사장의 고발에 초점을 맞추는 반면, 마태복음서는 예수님께서 이 고발의 현장에서 침묵하신 사실을 강조합니다. 예수님께서는 앞서 공회의 재판에서도 거짓 증인들의 고소에 대해 침묵을 지키셨습니다(26:62-63). 자신에 대한 거짓 고발에 항의할 의사가 전혀 없으셨던 것입니다. 이는 목숨을 부지하는 일에 연연할 이유가 없기 때문일 수도 있습니다. 최대한 수동적인 자세를 견지하면서, 다가오는 상황을 수용하신 것으로 보입니다. "그대가 하나님의 아들 그리스도요?" 하는 대제사장의 물음에는 오히려 자신에게 불리한 답변을 과감히 내놓으십니다(26:63-64). 가야 할 길이 정해진 사람의 행보라 할 수 있습니다.

손을 씻는 빌라도 *Pilate Washing His Hands*, Andrea Andreani, Italy, 1578-1629

## 사형 선고를 받으시다(막 15:6–15; 눅 23:13–25; 요 18:39–19:16)

15 ○ 명절 때마다 총독이 무리가 원하는 죄수 하나를 놓아주는 관례가 있었다. 16 그런데 그때에 [예수] 바라바라고 하는 소문난 죄수가 있었다. 17 무리가 모였을 때에, 빌라도가 그들에게 말하였다. "여러분은, 내가 누구를 놓아주기를 바라오? 바라바 [예수]요? 그리스도라고 하는 예수요?" 18 빌라도는, 그들이 시기하여 예수를 넘겨주었음을 알았던 것이다. 19 빌라도가 재판석에 앉아 있을 때에, 그의 아내가 사람을 보내어 말을 전하였다. "당신은 그 옳은 사람에게 아무 관여도 하지 마세요. 지난밤 꿈에 내가 그 사람 때문에 몹시 괴로웠어요." 20 그러나 대제사장들과 장로들은 무리를 구슬러서, 바라바를 놓아달라고 하고, 예수를 죽이라고 요청하게 하였다. 21 총독이 그들에게 물었다. "이 두 사람 가운데서, 누구를 놓아주기를 바라오?" 그들이 말하였다. "바라바요." 22 그때에 빌라도가 그들에게 말하였다. "그러면 그리스도라고 하는 예수는, 나더러 어떻게 하라는 거요?" 그들이 모두 말하였다. "그를 십자

**예수님에게 죄가 없다는 것을 알면서도 빌라도는 무리를 의식한 선택을 합니다. 그가 그렇게 한 이유는 무엇인가요?** 빌라도는 예수님의 무죄를 확신하고 놓아주려 했지만, 유대 군중의 격한 반대에 직면합니다. '시기심' 때문에 예수님을 없애려고 이 일을 벌인 유대 지도자들은 예수님에게 실망한 대중을 부추겼습니다. 예수님이 이스라엘의 해방자(메시아–왕)이기를 기대했던 무리는 예수님의 체포와 함께 격한 실망에 휩싸였고, 이는 '메시아 행세를 하다 들통 난' 예수님을 향한 격한 분노로 표출되었습니다. 빌라도는 그 요구를 거부하면 민란이 일어날 수 있음을 직감합니다. 이 상황에서는 로마 총독으로서 선택의 여지가 없습니다. 죄 없는 한 사람을 희생시키는 것이 민란이 일어날 수 있는 정치적인 도박보다 백배 안전하기 때문입니다.

가에 못 박으시오." 23 빌라도가 말하였다. "정말 이 사람이 무슨 나쁜 일을 하였소?" 사람들이 더욱 큰 소리로 외쳤다. "십자가에 못 박으시오."

24 ○ 빌라도는, 자기로서는 어찌할 도리가 없다는 것과 또 민란이 일어나려는 것을 보고, 물을 가져다가 무리 앞에서 손을 씻고 말하였다. "나는 이 사람의 피에 대하여 책임이 없으니, 여러분이 알아서 하시오." 25 그러자 온 백성이 대답하였다. "그 사람의 피를 우리와 우리 자손에게 돌리시오." 26 그래서 빌라도는 그들에게, 바라바는 놓아주고, 예수는 채찍질한 뒤에 십자가에 처형하라고 넘겨주었다.

## 군인들이 예수를 조롱하다(막 15:16-20; 요 19:2-3)

27 ○ 총독의 병사들이 예수를 총독 관저로 끌고 들어가서, 온 부대를 다 그의 앞에 불러 모았다. 28 그리고 예수의 옷을 벗기고, 주홍색 걸침 옷을 걸치게 한 다음에, 29 가시로 면류관

**체포부터 사형선고까지 일련의 과정이 일사천리로 진행됩니다. 원래 당시의 재판과 실행은 이런 식이었나요?** 사실 대제사장 앞에서 진행된 첫 재판(26:57-68)은 정식 재판이 아니라 청문회 내지는 사전 신문에 가깝습니다. 밤새 이어진 것으로 보이는 이 절차가 공정했다고 말할 순 없습니다. 실속 없는 거짓 증인들의 존재가 보여주듯, 애초에 의도가 분명한 요식행위에 가까웠기 때문입니다. 대제사장을 비롯한 유대 지도자들이 굳이 밤에 모인 것은 사안을 다소 사적으로 처리하려고 했기 때문일 것입니다. 아침 무렵, 이들은 사형을 결정했을 뿐 아니라 그 구체적 방법까지 합의를 보았습니다. 빌라도 앞에서의 재판 역시 공정과는 거리가 멉니다. 발라도의 아내가 꾼 꿈을 비롯해 여러 상황이 예수님의 무죄를 강력하게 증언하는데도, 빌라도는 결국 유대 군중의 여론에 떠밀려 예수님에게 사형선고를 내립니다. 절차의 신속성이 아니라 근본적인 불공정성 자체가 문제입니다.

을 엮어 그의 머리에 씌우고, 그의 오른손에 갈대를 들게 하였다. 그리고 그분 앞에 무릎을 꿇고, "유대인의 왕 만세!" 하고 말하면서 그를 희롱하였다. 30 또 그들은 그에게 침을 뱉고, 갈대를 빼앗아서, 머리를 쳤다. 31 이렇게 희롱한 다음에, 그들은 주홍 옷을 벗기고, 그의 옷을 도로 입혔다. 그리고 십자가에 못 박으려고, 그를 끌고 나갔다.

## 예수께서 십자가에 못 박히시다(막 15:21-32; 눅 23:26-43; 요 19:17-27)

32 ○ 그들은 나가다가, 시몬이라는 구레네 사람을 만나서, 강제로 예수의 십자가를 지고 가게 하였다. 33 그들은 골고다 곧 '해골 곳'이라는 곳에 이르러서, 34 포도주에 쓸개를 타서, 예수께 드려서 마시게 하였으나, 그는 그 맛을 보시고는, 마시려고 하지 않으셨다. 35 그들은 예수를 십자가에 못 박고 나서, 제비를 뽑아서, 그의 옷을 나누어 가졌다. 36 그리고 거기에 앉아서, 그를 지키고 있었다. 37 그리고 그의 머리 위에는 "이

예수님의 치유, 가르침, 기적을 경험한 유대인들도 허다했는데, 여기에 나오는 이들은 온통 예수님을 조롱하고 모욕합니다. 사람들이 돌변한 건가요? 공회의에서 사형에 합의한 후, 그 멤버들이 예수님을 조롱하는 특이한 장면이 나옵니다. 이들은 애초에 예수님을 불신했기에, 무기력하게 체포당하는 예수님의 모습은 그들의 불신을 정당한 것으로 만들어주었을 것입니다. 로마 총독의 병사들이 예수님을 조롱한 것 역시 별로 이상하지 않습니다. 유대인의 왕이라 사칭한 사람이니, 풍자적인 경배로 예수님을 모욕했습니다. 십자가에 달렸을 때는 지나가던 사람들, 그리고 예수님과 함께 십자가에 달린 강도들까지 예수님을 조롱하고, 여기에 대제사장들과 율법학자들과 장로들도 합세합니다. 조롱은 대부분 실패한 구원자라는 사실에 집중됩니다. 큰 기적을 경험하고 기대가 컸던 사람일수록 예수님의 처참한 실패가 더 허탈했을 것입니다.

사람은 유대인의 왕 예수다" 이렇게 쓴 죄패를 붙였다.
38 ○ 그때에 강도 두 사람이 예수와 함께 십자가에 못 박혔는데, 하나는 그의 오른쪽에, 하나는 그의 왼쪽에 달렸다. 39 지나가는 사람들이 머리를 흔들면서, 예수를 모욕하여 40 말하였다. "성전을 허물고, 사흘 만에 짓겠다던 사람아, 네가 하나님의 아들이거든, 너나 구원하여라. 십자가에서 내려와 보아라." 41 그와 같이, 대제사장들도 율법학자들과 장로들과 함께 조롱하면서 말하였다. 42 "그가 남은 구원하였으나, 자기는 구원하지 못하는가 보다! 그가 이스라엘 왕이시니, 지금 십자가에서 내려오시라지! 그러면 우리가 그를 믿을 터인데! 43 그가 하나님을 의지하였으니, 하나님이 원하시면, 이제 그를 구원하시라지. 그가 말하기를 '나는 하나님의 아들이다' 하였으니 말이다." 44 함께 십자가에 달린 강도들도 마찬가지로 예수를 욕하였다.

## 예수께서 숨을 거두시다(막 15:33-41; 눅 23:44-49; 요 19:28-30)

45 ○ 낮 열두 시부터 어둠이 온 땅을 덮어서, 오후 세 시까지

**"낮 열두 시부터 어둠이 온 땅을 덮어서, 오후 세 시까지 계속되었다"(45절)는 이 기상이변이 의미하는 바는 무엇인가요?** 천재지변이나 기상이변은 대표적인 묵시적 이미지에 속합니다. 예수님의 죽음은 온 땅이 어둠에 덮이는 상황(45절)과 큰 지진(51절) 사이에 일어납니다. 열두 시부터 세 시 사이는 하루 중 가장 밝은 시간입니다. 그 시간에 길고 진한 어둠이 깔립니다. 이 어둠을 배경으로 예수님께서는 말할 수 없는 육체의 고통과 하나님 아버지로부터 버림 받았다는 이중의 아픔에 노출됩니다. 그리고 이 어둠의 끝에서 생의 마지막을 고하십니다. 구약성경이나 다른 유대교 문서들에도 어둠의 이미지는 자주 등장합니다. 이러한 이미지에 익숙한 사람들은 이 묵시적 어둠 속의 죽음이 얼마나 경악할 만한 사건인지 더 깊이 느꼈을 것입니다.

계속되었다. 46 세 시쯤에 예수께서 큰 소리로 부르짖어 말씀하셨다. "엘리 엘리 라마 사박다니?" 그것은 "나의 하나님, 나의 하나님, 어찌하여 나를 버리셨습니까?"라는 뜻이다. 47 거기에서 있는 사람들 가운데 몇이 이 말을 듣고서 말하였다. "이 사람이 엘리야를 부르고 있다." 48 그러자 그들 가운데서 한 사람이 곧 달려가서 해면을 가져다가, 신 포도주에 적셔서, 갈대에 꿰어, 그에게 마시게 하였다. 49 그러나 다른 사람들은 "어디 엘리야가 와서, 그를 구하여주나 두고 보자" 하고 말하였다. 50 예수께서 다시 큰 소리로 외치시고, 숨을 거두셨다. 51 그런데 보아라, 성전 휘장이 위에서 아래까지 두 폭으로 찢어졌다. 그리고 땅이 흔들리고, 바위가 갈라지고, 52 무덤이 열리고, 잠자던 많은 성도의 몸이 살아났다. 53 그리고 그들은, 예수께서 부활하신 뒤에, 무덤에서 나와, 거룩한 도성에 들어가서, 많은 사람에게 나타났다. 54 백부장과 그와 함께 예수를 지키는 사람들이, 지진과 여러 가지 일어난 일들을 보고, 몹시 두려워하여 말하기를 "참으로, 이분은 하나님의 아들이셨다" 하였다.

**예수님이 숨을 거두는 과정과 그 이후 일들을 많은 여성들이 지켜봤다(55-56절)고 말합니다. 예수님을 따르던 제자들은 왜 보이지 않는 걸까요?** 제자들에게 직접 물어야 할 질문입니다. 물론 우리는 이미 그 답을 알고 있습니다. 제자들 역시 아무 말도 할 수 없었을 것입니다. 죽으면 죽었지 주를 버리지는 않겠다고 자신했었기 때문입니다(26:35). 결국 제자들은 예수님의 십자가와 부활을 겪은 후에야 참 믿음을 가질 수 있었습니다. 반면 여인들은 더 용감합니다. 당시 상대적으로 '덜 중요한' 존재라 통제를 덜 받았기 때문일 수도 있지만, 그들은 끝까지 예수님의 임종을 지켰고, 사후에도 장례를 위해 향품을 들고 무덤을 찾기도 합니다. 26장에서 예수님의 머리에 향유를 부었던 여인을 기억할 수도 있습니다. 지금도 교회의 큰 힘은 남자보다 여성에게서 나올 때가 많습니다.

55 ○ 거기에는 많은 여자들이 멀찍이 지켜보고 있었는데, 그들은 예수께 시중을 들면서 갈릴리에서 따라온 사람이었다. 56 그들 가운데는 막달라 출신 마리아와 야고보와 요셉의 어머니 마리아와 세베대의 아들들의 어머니가 있었다.

## 무덤에 묻히시다(막 15:42-47; 눅 23:50-56; 요 19:38-42)

57 ○ 날이 저물었을 때에, 아리마대 출신으로 요셉이라고 하는 한 부자가 왔다. 그도 역시 예수의 제자이다. 58 이 사람이 빌라도에게 가서, 예수의 시신을 내어달라고 청하니, 빌라도가 내어주라고 명령하였다. 59 그래서 요셉은 예수의 시신을 가져다가, 깨끗한 삼베로 싸서, 60 바위를 뚫어서 만든 자기의 새 무덤에 모신 다음에, 무덤 어귀에다가 큰 돌을 굴려놓고 갔다. 61 거기 무덤 맞은편에는 막달라 마리아와 다른 마리아가 앉아 있었다.

죽은 예수님이 무덤에 안치된 후 대제사장과 바리새파 사람들은 경비병까지 동원해 무덤을 지킵니다. 그들은 사흘 만에 살아난다는 예수님의 말을 믿은 건가요? 마태복음서에만 나오는 이야기입니다. 물론 그들이 부활의 말씀을 믿었을 리 만무합니다. 64절에 나온 것처럼, 그들은 혹시나 예수님의 제자들이 시신을 훔쳐간 후 사람들에게 "예수님이 부활하셨다"고 사기를 칠까 봐 염려한 것뿐입니다. 시신을 없앤 후 부활했다 주장하면 물증이 없어 반박하기도 어렵습니다. 그러면 예수님께서 살아계셨을 때보다 더 걷잡을 수 없는 사태가 발생할 수 있다고 판단한 것입니다. 물론 빌라도의 입장에서도 그런 상황은 달갑지 않습니다. 그래서 자기 병력 중에서 경비병을 내어주어 무덤을 지키게 합니다. 그러나 부활의 날, 죽은 예수님께서는 살아나시고, 살아 있던 경비병들은 마치 죽은 사람처럼 됩니다(28:4).

## 경비병이 무덤을 지키다

62 ○ 이튿날 곧 예비일 다음 날에, 대제사장들과 바리새파 사람들이 빌라도에게 몰려가서 63 말하였다. "각하, 세상을 미혹하던 그 사람이 살아 있을 때에 사흘 뒤에 자기가 살아날 것이라고 말한 것을, 우리가 기억하고 있습니다. 64 그러니 사흘째 되는 날까지는, 무덤을 단단히 지키라고 명령해주십시오. 혹시 그의 제자들이 와서, 시체를 훔쳐가고서는, 백성에게는 '그가 죽은 사람들 가운데서 살아났다' 하고 말할지도 모릅니다. 그렇게 되면, 이번 속임수는 처음 것보다 더 나쁜 영향을 미칠 것입니다." 65 빌라도가 그들에게 말하였다. "경비병을 내줄 터이니, 물러가서 재주껏 지키시오." 66 그들은 물러가서 그 돌을 봉인하고, 경비병을 두어서 무덤을 단단히 지켰다.

# {제28장}

## 예수께서 부활하시다(막 16:1-8; 눅 24:1-12; 요 20:1-10)

1 안식일이 지나고, 이레의 첫날 동틀 무렵에, 막달라 마리아와 다른 마리아가 무덤을 보러 갔다. 2 그런데 갑자기 큰 지진이 일어났다. 주님의 한 천사가 하늘에서 내려와 무덤에 다가와서, 그 돌을 굴려내고, 그 돌 위에 앉았다. 3 그 천사의 모습은 번개와 같았고, 그의 옷은 눈과 같이 희었다. 4 지키던 사람들은 천사를 보고 두려워서 떨었고, 죽은 사람처럼 되었다. 5 천사가 여자들에게 말하였다. "두려워하지 말아라. 나는, 너희가 십자가에 달리신 예수를 찾는 줄 안다. 6 그는 여기에 계시지 않다. 그가 말씀하신 대로, 그는 살아나셨다. 와서 그가 누워계시던 곳을 보아라. 7 그리고 빨리 가서 제자들에게 전하기를, 그는 죽은 사람들 가운데서 살아나셔서, 그들보다 먼저 갈릴리로 가시니, 그들은 거기서 그를 뵙게 될 것이라고

**왜 여자들만 예수님의 무덤에 간 건가요?** 여자들이 무덤에 간 이유는 장례 절차 때문이었습니다. 돌아가신 때가 안식일에 가까워 제대로 장례를 치르는 것이 불가능했기 때문에 안식일 직후 곧바로 준비한 향료를 들고 무덤을 찾은 것입니다(막 16:1). 그녀들이 제자들보다 좀 더 깊은 충성심과 애정을 가졌을 수는 있지만, 믿음이 더 좋았던 것은 아닙니다. 부활은 그녀들에게도 가능성의 영역 밖이었습니다. 도망간 남자들을 수소문하는 건 별 의미는 없어 보이지만, 여인들이 제자들에게 부활의 소식을 전하는 사실로 미루어보면 아마도 제자들은 도망간 이후 평소 지내던 곳에 함께 머물렀던 것으로 보입니다. 누가복음서와 요한복음서에 따르면 제자들 또한 예루살렘에서 예수님을 만나지만, 마태복음서에서는 그들이 갈릴리에서 예수님과 다시 대면하는 것으로 되어 있습니다.

하여라. 이것이 내가 너희에게 하는 말이다." 8 여자들은 무서움과 큰 기쁨이 엇갈려서, 급히 무덤을 떠나, 이 소식을 그의 제자들에게 전하려고 달려갔다. 9 그런데 갑자기 예수께서 여자들과 마주쳐서 "평안하냐?" 하고 말씀하셨다. 여자들은 다가가서, 그의 발을 붙잡고, 그에게 절을 하였다. 10 그때에 예수께서 그 여자들에게 말씀하셨다. "무서워하지 말아라. 가서, 나의 형제들에게 갈릴리로 가라고 전하여라. 그러면, 거기에서 그들이 나를 만날 것이다."

### 경비병의 보고

11 ○ 여자들이 가는데, 경비병 가운데 몇 사람이 성 안으로 들어가서, 일어난 일을 모두 대제사장들에게 보고하였다. 12 대제사장들은 장로들과 함께 모여 의논한 끝에, 병사들에게 은돈을 많이 집어주고 13 말하였다. "'예수의 제자들이 밤중에 와서, 우리가 잠든 사이에 시체를 훔쳐갔다' 하고 말하여라.

**부활한 예수님이 마주친 여자들에게 건넨 첫마디는 "평안하냐?"(9절)였습니다. 이것은 평범한 인사인가요, 아니면 '평안'의 의미를 묻는 질문인가요?** 문자에 담긴 뜻은 "기뻐하십시오"라는 의미지만, 우리말의 "안녕하십니까?"와 같은 평범한 인사말입니다. 그래서 대부분의 번역들은 '인사를 했다'(Greeted)고 옮깁니다. 번안에 가까운 메시지(Message) 성경은 "Good morning!"으로 옮겼습니다. 우리말에서 "평안하냐?"는 원래 자연스러운 인사말이었지만, 지금은 잘 사용하지 않는 표현이어서 다소 어색하게 느껴집니다. "잘 있었느냐?"는 번역도 간혹 보입니다(현대인의 성경, 한글 메시지 성경). 이런 상투적인 표현은 의미를 따지면 오히려 오해가 생깁니다. 우리는 '안녕'(安寧)이라는 낱말의 뜻을 따지지 않고 평범한 인사말로 사용합니다. 영어 편지의 'Dear…' 역시 편지의 시작을 알리는 것 외에는 전혀 의미가 없는 것과 같습니다.

14 이 소문이 총독의 귀에 들어가게 되더라도, 우리가 잘 말해서, 너희에게 아무 해가 미치지 않게 해주겠다." 15 그들은 돈을 받고서, 시키는 대로 하였다. 그리고 이 말이 오늘날까지 유대인들 사이에 널리 퍼져 있다.

### **제자들의 사명**(막 16:14-18; 눅 24:36-49; 요 20:19-23; 행 1:6-8)

16 ○ 열한 제자가 갈릴리로 가서, 예수께서 일러주신 산에 이르렀다. 17 그들은 예수를 뵙고, 절을 하였다. 그러나 의심하는 사람들도 있었다. 18 예수께서 다가와서, 그들에게 말씀하셨다. "나는 하늘과 땅의 모든 권세를 받았다. 19 그러므로 너희는 가서, 모든 민족을 제자로 삼아서, 아버지와 아들과 성령의 이름으로 세례를 주고, 20 내가 너희에게 명령한 모든 것을 그들에게 가르쳐 지키게 하여라. 보아라, 내가 세상 끝 날까지 항상 너희와 함께 있을 것이다."

**혹시 유대인들은 지금까지도 제자들이 예수님의 시체를 훔쳐갔다고 믿고 있나요?**
유대교 신자들에게 예수님은 메시아 행세를 하다가 하나님의 저주를 받아 처형된 존재로 여겨집니다(갈 3:13). 유대 문서에 예수님의 행적에 대한 비난이 간혹 나오지만, 부활에 관련된 이야기는 등장하지 않습니다. 그들의 입장에서 십자가 사건은 예수님의 죽음으로 끝난 일일 뿐, 그 이후 이야기에 관심을 기울일 이유가 없습니다. 본문의 '음모론'은 마태복음서에만 나옵니다. 현대의 유대교 신자들은 대개 '교회가 생산해낸' 복음서 자체의 역사성을 별로 신뢰하지 않을 것입니다. 그나마 이 본문에서도 혹시 훔쳐갈지 모른다고 유대인들이 걱정한 것일 뿐, 경비가 삼엄해서 실제로 시체를 훔쳐갈 수 있는 상황은 아닌 것으로 묘사되어 있습니다.

부활 *The Resurrection,* Bartholomeus Breenbergh, Holland, 1630-1640

**마태복음서** 마태가 기록한 예수님의 삶과 가르침. 세금 징수원으로 일하다 부름을 받고 제자가 된 마태는 예수님의 중요한 행적과 가르침들을 낱낱이 기록으로 남겼다. 메시아가 나타나 새로운 나라의 임금이 되어 옛 영화를 되찾아주길 간절히 기다리던 유대인들에게 예수님이 곧 그분이라고 소개한다. 메시아가 임금이 되어 다스리는 나라는 어떤 모습일까? 마태의 눈을 통해 함께 들여다보자.

**마가복음서** 마가가 정리한 예수님의 삶과 가르침. 예수님께서 부활해 하늘로 올라가신 이후에 제자가 된 마가는 직접 그리스도를 따라다녔던 여러 선배들의 증언을 바탕으로 그 활동과 메시지를 정리했다. 예수님은 하나님의 아들이라고 단언하면서 그토록 고귀한 이가 섬기는 종의 모습으로 세상에 왔다고 설명한다. 주로 유대인과 로마인들을 겨냥해 구원의 소식을 전한다.

**누가복음서** 누가가 적은 예수님의 삶과 가르침. 의사였던 누가는 마치 기자처럼 예수님의 말과 행동을 상세히 기록한다. 인간 예수의 뒤를 따라가며 각종 사건과 발언들을 받아 적었다. 탄생, 어린 시절, 세례, 갖가지 비유와 기적, 죽음과 부활, 승천에 이르기까지 예수님께서 이 땅에 오셨다가 뜻을 이루고 다시 하늘로 올라가신 과정 전체를 이 책 한 권만 가지고도 넉넉히 살필 수 있다.

**요한복음서** 예수님을 따라다니며 큰 사랑을 받았던 제자 요한이 기록한 복음서. 앞의 책들과 마찬가지로 굵직굵직한 사건들과 중요한 메시지들을 다루지만, 다소 신학적이고 깊이 있는 설명을 덧붙이기도 한다. 예수님은 곧 하나님임을 강조하고, 그러기에 죄를 용서하는 권세가 그분에게 있다고 단언한다. 요한의 안내를 따라가노라면 예수님의 정체, 예수님께서 말씀하신 구원의 속성을 정확히 알 수 있다.

**사도행전** 부활한 예수님께서는 하늘로 올라가시고 제자들은 덜렁 이 땅에 남았다. 줄곧 예수님을 따라다니며 온갖 기적을 목격하고 그 메시지를 두 귀로 또렷이 들었지만, 막상 스승이 십자가에 달리게 되자 줄행랑을 쳤던 이들이었다. 그런데 어느 순간, 그

오합지졸들이 변해 죽음도 무릅쓰는 용사들이 되었다. 이들에게 무슨 일이 있었던 걸까? 이들은 어떻게 예수님의 메시지를 온 세상에 퍼트렸을까? 교회는 어떻게 태어나고 성장했을까? 사도행전은 그 비밀을 알려준다.

**로마서** 로마의 그리스도인들에게 보낸 바울의 편지. 구원의 메시지는 사방팔방으로 무섭게 퍼져나갔고 그리스도인의 숫자는 점점 더 불어났지만, 그와 함께 정리해야 할 신학적인 문제도 많아졌다. 뛰어난 전도자이자 신학자였던 바울은 구원이란 무엇이며 무엇으로 구원을 받는지, 하나님의 은혜는 어떤 역할을 하는지, 의로운 생활의 의미와 가치는 무엇인지 명쾌하게 제시한다.

**고린도전서** 고린도의 그리스도인들에게 보낸 바울의 첫 번째 편지. 고린도는 오늘날 뉴욕에 견줄 만한 대도시로, 살림이 풍요롭고 문화가 방탕하기로 소문이 자자했다. 이런 분위기는 교회 안에도 스며들어 고린도의 그리스도인 공동체는 갖가지 성적인 문제와 분열로 몸살을 앓았다. 바울은 이런 병폐들을 지적하면서 신앙의 본질과 질서를 지키며 은혜와 사랑에 기대어 살기를 촉구한다.

**고린도후서** 고린도의 그리스도인들에게 보낸 바울의 두 번째 편지. 서신을 보내 꾸짖고 타이르며 격려한 덕에 고린도 교회의 형편은 한결 나아졌다. 하지만 여전히 바울의 지적을 불편하게 여기고 그 권위를 부정하는 지도자들도 있었다. 현지를 살피고 돌아온 제자들에게서 그 사연을 전해 들은 바울은 다시 편지를 보내 그들의 불평에 일일이 답하고, 마땅히 가야 할 길을 제시한다.

**갈라디아서** 갈라디아 지역의 교회에 보낸 바울의 편지. 일찍이 바울은 갈라디아 지방을 두루 다니며 그리스도의 메시지를 전했고, 수많은 사람들이 이를 받아들여 그리스도인이 되었다. 하지만 얼마 지나지 않아 거짓 선생들이 나타나 모세의 율법을 지키고 예식을 따라야 구원을 얻을 수 있다고 가르치는 바람에 큰 혼란이 일어났다. 정말 그럴까? 바울은 전혀 다른 답을 내놓는다.

**에베소서** 에베소의 그리스도인 공동체에 보낸 바울의 편지. 같은 복음을 듣고 교회를 이루었지만, 유대인과 이른바 이방인들 사이에는 미묘한 생각의 차이가 존재했다. 바울은 그리스도를 통해 이미 한 몸이 되었으므로 구별은 무의미하며, 교회는 사랑의 원리로 움직여야 한다고 설명한다. 아울러 그리스도인으로 이 세상을 살아갈 힘의 원천이 무엇이며 어떤 무장을 해야 하는지 가르친다.

**빌립보서** 바울이 유럽에 세운 첫 번째 공동체인 빌립보 교회에 보낸 편지. 옥에 갇힌 바울은 빌립보의 그리스도인들이 보낸 선물을 받고, 감사의 뜻과 아울러 격려를 아끼지 않는다. 그리스도를 본받아 겸손한 마음가짐으로 서로 사랑하고 세워주며 하나님의 의로움을 드러내라고 권하는 한편, 종착점에 이르기까지 달음박질을 멈추지 말라며 기운을 북돋운다.

**골로새서** 바울이 이단에 시달리고 있는 골로새 교회에 보낸 편지. 골로새의 그리스도인들은 유대교를 비롯한 동방의 다양한 종교들이 뒤섞인 특이한 사상의 영향을 받고 있었다. 바울은 이들에게 예수 그리스도는 어떤 분이며 어떤 일을 하셨는지, 그 안에서 산다는 게 무슨 의미인지, 그 생명을 품은 이로서 어떻게 세상을 살아야 할지 이야기한다.

**데살로니가전서** 바울이 데살로니가 교회에 보낸 첫 번째 편지. 데살로니가 교회는 세워진 지 얼마 되지 않아 아직 단단히 여물지 않은 상태였다. 밖으로는 심한 박해에 시달리고, 안으로는 재림을 둘러싼 의문이 깊었다. 이를 전해 들은 바울은 한편으론 식구들을 격려하고, 다른 한편으로는 예수님께서 어떤 모습으로 세상에 다시 오실지, 그때 살아 있는 또는 세상을 떠난 그리스도인들은 어떻게 그분과 함께하게 될지 설명한다.

**데살로니가후서** 바울이 데살로니가 교회에 보낸 두 번째 편지. 첫 번째 편지로는 하고 싶은 말을 다 하지 못했다고 생각했던 걸까? 바울은 다시 서신을 보내 주님이 틀림없이 다시 오셔서 세상을 심판하신다고 강조한다. 아울러 데살로니가의 그리스도인들을 위로하고 용기를 북돋우며, 낙심하지 말고 선한 일을 하라고 권한다.

**디모데전서** 바울이 '아들'이라고 부를 만큼 아끼고 신뢰하는 제자 디모데에게 보낸 첫 번째 편지. 에베소에서 그리스도인들을 돌보고 있는 디모데에게 바울은 거짓 선생들과 거짓 가르침을 경계하며 기도하고 예배에 힘쓰길 당부한다. 또 한편으로는 여러 교회의 직분을 열거하면서 어떤 자격을 갖춘 인물들이 그 자리를 맡아야 하는지 설명한다.

**디모데후서** 삶의 마지막 시기를 마주한 바울이 사랑하는 제자 디모데에게 보낸 두 번째 편지. 바울은 디모데를 향한 따듯한 마음을 솔직하게 표현하면서 어서 와 자신을 만나달라고 부탁한다. 그러면서도 스승다운 면모를 잃지 않은 바울은 타락한 세상을 살더라도 은혜로 굳세져서 고난을 달게 받으며 살림살이에 얽매이지 말고 말씀을 선포하라고 훈계한다.

**디도서** 바울이 자신을 통해 예수님을 믿고 교회의 지도자가 된 디도에게 보낸 편지. 바울은 크레타 섬에서 활동하고 있는 디도에게 하나님의 말씀에는 거짓이 없음을 강조하고, 어떤 인물들을 리더로 세워야 하는지 설명하면서 선한 말과 행동의 모범이 되길 당부한다.

**빌레몬서** 바울이 부유한 그리스도인 빌레몬에게 보낸 편지. 희한하게도 달아난 노예 오네시모를 관대하게 처분해달라는 부탁을 담고 있다. 로마법대로라면 마땅히 사형감이지만 자비를 베풀라고 권한다. 노예의 빚을 자신이 갚아주겠다고 약속까지 한다. 목숨으로 갚아야 할 죄를 지은 죄인의 편에 서서 변호하며, 대신 짐을 지겠다는 바울의 모습. 어디서 많이 보던 장면이지 않은가?

**히브리서** 유대인 그리스도인들에게 예수님이야말로 구약성경이 줄곧 예언해온 바로 그 메시아이며 구원을 이루실 분임을 설명하는 편지. 서신의 형식을 띠고 있지만, 누가 누구에게 보낸 글인지를 두고는 의견이 분분하다. 제사장, 언약, 희생제물, 멜기세덱 등등 유대인들에게 익숙한 개념을 동원해 구원의 진리를 설파하면서, 예수님을 신뢰하며 소망하라고 가르친다.

**야고보서** 예수님의 동생 야고보가 곳곳에 흩어져 살고 있는 유대인들을 염두에 두고 쓴 편지. 핍박과 시련 속에서 믿음을 가지고 인내하는 삶을 이야기한다. 말, 인간을 대하는 태도, 한결같은 마음가짐, 말씀에 따라 사는 그리스도인의 행동 양식에 관한 가르침이 상당 부분을 차지한다. 믿음과 행위가 구원과 어떻게 연결되는지에 관해서도 관심을 둔다.

**베드로전서** 예수님의 제자 베드로가 박해를 당하는 그리스도인들에게 보낸 첫 번째 편지. 교회가 막 세워져갈 무렵, 그리스도인이 된다는 건 엄청난 핍박과 시련을 감수해야 하는 모험이었다. 그럼에도 불구하고 예수님의 뒤를 따르기로 작정한 그리스도인들에게 베드로는 뜻밖의 위로와 격려를 전한다. 언젠가 고달픈 세월이 닥치겠지만, 하나님은 어김없이 약속을 지키는 분이므로 그분을 바라보고 불같은 시련을 견디라는 것이다. 심지어 고난을 영광스럽게 여기라고 권한다.

**베드로후서** 베드로가 같은 뜻으로 예수 그리스도를 따르는 동료 그리스도인들에게 보낸 두 번째 편지. 세상을 떠날 날이 멀지 않았음을 감지한 베드로는 예수의 복음이 얼마나 진실하고 확실한지 다시 한번 강조한다. 아울러 거짓 예언자와 교사들의 속임수에 넘어가지 말고, 반드시 다시 오신다는 그리스도의 약속을 바라보라고 가르친다.

**요한1, 2, 3서** 예수님의 제자 요한이 거짓 가르침들을 경고하고 대처하기 위해 교회에 보낸 편지들. 요한1서는 하나님을 빛에 빗대면서 그 아들 예수님을 통해서만 빛 가운데 살아갈 수 있음을 분명히 한다. 사랑이야말로 빛의 자녀들의 증표라고 못 박고, 하나님께서 우리를 사랑하신 것처럼 서로 사랑하며 순종으로 그 사랑을 드러내 보이라고 명령한다. 요한2서는 속이려 드는 자들이 세상에 허다함을 지적하고, 그런 자들과는 단호하게 거리를 두라고 요구한다. 요한3서 역시 앞의 편지들과 맥락을 같이하면서 선한 것을 본받으라고 권면한다.

**유다서** 예수님의 형제 유다가 교회에 보낸 편지. 몰래 스며든 거짓 선생들이 그릇된 가르침을 퍼트리고 있음을 알게 된 유다는 곧바로 강력한 경계경보를 발령한다. 참 진리를 다시 한번 상기시키고 거짓말을 일삼는 교사들을 맹렬히 비난하면서, 믿음을 터로 삼으라고 주문한다.

**요한계시록** 장차 닥쳐올 세상과 관련한 하나님의 계시. 밧모 섬에서 귀양살이를 하던 사도 요한은 어느 날 엄청난 환상을 보고 그 내용을 고스란히 글로 옮겼다. 사탄과 악이 하나님의 손에 완전히 소멸되고 새 하늘과 새 땅이 열리는 거대한 환상이었다. 창세기에서 시작된 성경의 메시지는 마침내 종결되고, 승리의 노래가 울려 퍼진다. 독특한 상징과 이미지로 숱한 예술작품의 모티브가 된 이 기묘한 책 속으로 조심스럽게 들어가 보자.

## Bible in Hand | 교양인을 위한 성경

**Bible in Hand | 교양인을 위한 성경 시리즈**는 성경 원문의 뜻을 우리말 어법에 맞게 정확하게 번역한 〈성경전서 새번역〉 본문과 해제로 구성되어 있다. 성경을 읽으면서 생기는 질문에 답을 주는 질문과 해제 부분의 경우, 구약은 김근주 교수(기독연구원 느헤미야), 신약은 권연경 교수(숭실대 기독교학과)가 성경을 읽어가는 재미와 정보의 길안내를 맡았다.

### 구약

**세상의 모든 처음**

창세기 | 248p | 11,000원

**영광의 탈출,**
**새로운 삶을 향하여**

출애굽기 | 212p | 11,000원

**지혜와 삶과 사랑**

잠언, 전도서, 아가 | 192p | 8,500원

해제 **김근주** 교수 | 기독연구원 느헤미야

서울대학교 경제학과를 졸업하고, 장로회신학대학교 신학대학원에서 목회학 석사(M.Div.)와 신학 석사(Th.M.) 학위를 받은 후, 영국 옥스퍼드대학교에서 칠십인역 이사야서의 신학적 특징을 다룬 논문(The Identity of the Jewish Diaspora in the Septuagint Isaiah)으로 박사(D.Phil.) 학위를 받았다. 기독연구원 느헤미야 연구위원이며, 일산은혜교회 협동목사로 섬기고 있다.

해제 **권연경** 교수 | 숭실대학교 기독교학과

서울대학교 영어영문학과를 졸업하고, 풀러신학교(M.Div.)와 예일대학교 신학부(S.T.M.)를 거쳐 런던대학교 킹스칼리지에서 박사학위(Ph.D.)를 받았다. 현재 숭실대학교 기독교학과 교수로 재직하고 있으며, 기독연구원 느헤미야 연구위원을 맡고 있다.

## 신약

성취된 약속,
왕으로 온 메시아
마태복음서 | 188p | 10,000원

너희는
나를 누구라고 하느냐?
마가복음서 | 128p | 7,000원

행진, 담대하게 거침없이
사도행전 | 176p | 8,500원

- Bible in Hand | **교양인을 위한 성경 시리즈**는 구약 17권, 신약 8권으로 2021년 완간 예정이다.
- **봄이다 프로젝트 페이스북** https://www.facebook.com/ltispring
- **봄이다 프로젝트 블로그** https://blog.naver.com/hoon_bom
- **문의** hoon_bom@naver.com

BIBLE in Hand 교양인을 위한 성경

# 성취된 약속, 왕으로 온 메시아

**신약 | 마태복음서**

**1쇄** 발행일 2020년 5월 18일

**펴낸이** 최종훈
**펴낸곳** 봄이다 프로젝트
**등록** 2017-000003
**주소** 경기도 양평군 서종면 황순원로 414-58 (우편번호 12504)
**전화** 02-733-7223
**이메일** hoon_bom@naver.com

**책임편집** 이나경 박준숙
**디자인** designGo
**표지 이미지** shutterstock
**인쇄** SP

**ISBN** 979-11-963622-8-7
**값** 10,000원


* 이 도서의 국립중앙도서관 출판예정도서목록(CIP)은 서지정보유통지원시스템 홈페이지(http://seoji.nl.go.kr)와 국가자료종합목록 구축시스템(http://kolis-net.nl.go.kr)에서 이용하실 수 있습니다.(CIP제어번호 : CIP2020019153)